古典文獻研究輯刊

二九編

潘美月・杜潔祥 主編

第3冊

文獻辨偽書錄解題（第二冊）

司馬朝軍 著

國家圖書館出版品預行編目資料

文獻辨偽書錄解題（第二冊）／司馬朝軍 著──初版──新北市：
花木蘭文化事業有限公司，2019〔民 108〕
目 10+172 面；19×26 公分
（古典文獻研究輯刊 二九編；第 3 冊）
ISBN 978-986-485-942-9（精裝）
1. 文獻學 2. 辨偽學 3. 解題目錄
011.08   108011994

ISBN-978-986-485-942-9

9 789864 859429

古典文獻研究輯刊
二九編　第三冊　　　　　　ISBN：978-986-485-942-9

文獻辨偽書錄解題（第二冊）

作　　　者　司馬朝軍
主　　　編　潘美月　杜潔祥
總 編 輯　杜潔祥
副總編輯　楊嘉樂
編　　　輯　許郁翎、王筑、張雅淋　美術編輯　陳逸婷
出　　　版　花木蘭文化事業有限公司
發 行 人　高小娟
聯絡地址　235 新北市中和區中安街七二號十三樓
　　　　　　電話：02-2923-1455 ／傳真：02-2923-1452
網　　　址　http://www.huamulan.tw 信箱 hml 810518@gmail.com
印　　　刷　普羅文化出版廣告事業
初　　　版　2019 年 9 月
全書字數　515880 字
定　　　價　二九編 29 冊（精裝）　新台幣 58,000 元　　版權所有・請勿翻印

文獻辨偽書錄解題（第二冊）

司馬朝軍 著

目

次

史　部

正史類

史記

1055　程金造，《史記會注考證》新增正義的來源與眞僞，新建設，1960（2）

【解題】日人瀧川資言發現的一千三百餘條（正義）佚文，「只有十分之一二是可靠的，絕大部分是讀者的雜抄和注解」，「解釋離奇，疑非中國學人所爲者，此類占全部一半以上」，「《史記會注考證》對《正義》千二百多條的補苴，絕大部分是魚目混珠，以僞爲眞的」。1985 年，程氏出版《史記管窺》，收入此文，易題《史記會注考證新增正義之管見》，内容有所補充，觀點未變。

1056　金德建，司馬遷所見書考，上海：上海人民出版社，1963

1057　余嘉錫，太史公書亡篇考，余嘉錫論學雜著，北京：中華書局，1963

【解題】力證《史記》有十篇亡佚。

1058　史念海，《史記》周公封於曲阜事質疑，天津民國日報副刊（第 20 期），1947，6，9

1059　張大可，《史記》殘缺與補竄考辨，蘭州大學學報，1982（3）

1060　李長之，《史記》解題及其讀法，續僞書通考，臺北：學生書局，1984

1061　龔維英，《史記》「莊周傳」不可信據，徽州師專學報，1988（4）

1062　賀次君，日本《史記會注考證》增補《史記正義》的眞僞問題，文史，1982（14）

1063 李若暉，《史記會注考證》所輯《正義》真偽辨，武陵學刊，1995（4）

1064 鄭之洪，《史記》補竄，史記文獻研究，成都：巴蜀書社，1997

1065 袁傳璋，程金造之「《史記正義佚存》偽託說」平議，臺大歷史學報，2000（25）

1066 袁傳璋，《史記會注考證新增正義的來源和真偽》辨正──程金造《史記》三家注研究平議之三，河南大學學報，2000（2）

【解題】對程金造列舉的「十項舉證」逐一駁正，認為程氏對《史記會注考證》新增《正義》的懷疑是不能成立的，瀧川資言不愧為張守節功臣。

1067 尤德豔，《史記正義佚存》真偽辨，南京師範大學文學院學報，2001（2）

【解題】20世紀初，日本學者瀧川資言搜輯了一千多條《正義》佚文，後水澤利忠又輯有二百多條，一時轟動史學界。對於從日本傳入的這些《正義》佚文真偽的討論，國內學者主要有兩種觀點：一是以程金造先生為主的否定派，認為這一千多條《正義》佚文除去原注文轉錄的可信外（而這部分不能算佚文），其他的都不可信；一是以袁傳璋先生為主的肯定派，認為這些佚文完全可信。作者通過從宋人著作中搜尋的《正義》佚文，經過比勘、考證，認為瀧川資言、水澤利忠二人的《正義》佚文絕大部分是可信的。

1068 丁致中，《史記·孝景本紀》辨偽補證，文教資料，2003（2）

【解題】《史記》景帝以前十本紀，對天象異變、自然災異不作專門記錄，或有記載，亦多與統治者政治舉措有關；但《景帝本紀》對天象異變、自然災異卻逐年逐件大事記式實錄，迥異於他紀之述史體例，可證此篇非司馬遷原著。

1069 陸平，《史記菁華錄》作者獻疑，渭南師範學院學報，2013（7）

【解題】糾正姚祖恩就是《史記菁華錄》作者苧田氏之誤，推測其作者是范甫霈。

漢書

1070 顧頡剛，班固竊父書，史學史研究，1993（2）

【解題】班彪著述已成，且已流通，班固不但不舉其書，且不言其有作史之意，假使《後漢書》不言之者，直將無跡可尋，其為貪伎，寧可言說。

1071　曾小霞，《漢書》「抄襲」說辨析，安康學院學報，2013（1）

　　【解題】史書著作不同於文學創作，它可以「述而不作」，可以在前人之書的基礎上進行加工。因此，《漢書》無論是因襲《史記》，還是因襲班彪書、劉歆書，一如《史記》因襲前人之書，均無可厚非，不應視爲「抄襲」。

編年類

竹書紀年

1072　王國維，古本竹書紀年輯校，王國維遺書第 7 冊，上海：上海書店出版社，1996（1917 成書）

1073　獻玖，《竹書紀年》眞僞辨，史地叢刊，1923（23）

1074　魯實先，《今本竹書紀年》辨僞，復旦學報，1947（3）

1075　范祥雍，《古本竹書紀年》輯校訂補，上海：上海人民出版社，1957

　　【解題】爲王國維《古本竹書紀年輯校》的改進之作。

1076　柏蔭培，《竹書紀年》考異，文史學報，1964（1）

1077　吳璵，《竹書紀年》繫年證僞，臺灣省立師範大學國文研究所集刊（第9 號），1965

1078　吳璵，六十年來《竹書紀年》之考訂，六十年來之國學（第3 冊），臺北：正中書局，1974

1079　屈萬里，談《竹書紀年》，書目季刊，1975（2）

1080　謝德瑩，《竹書紀年》辨僞，女師專學報，1977（9）

1081　方詩銘，《古本竹書紀年》輯證，東嶽論叢，1980（4）

　　【解題】《紀年》有兩種本子，即荀勗、和嶠的初編本和束晳的重訂本，前者起自黃帝，後者起自夏、殷、周。經過荀勗、和嶠所主持整理的《紀年》，當時爲杜預所親見，以後束晳又據以重訂，都是起自夏、殷、周三代的。

1082　方詩銘、王修齡，古本竹書紀年輯證，上海：上海古籍出版社，1981

1083　范祥雍，關於《古本竹書紀年》的亡佚年代，文史，1985（25）

　　【解題】《古本紀年》宋代存殘本，元代亡佚，《今本》最早刊於明初；《今本》的沈約注和夾註，是後人併入。

1084　陳力，今本《竹書紀年》研究，四川大學學報叢刊（第28輯），1985
　　　【解題】自錢大昕、崔述、王國維等及《四庫全書總目》皆證今本《竹書紀年》爲明人僞作，似成定論。從今本《竹書紀年》的流傳、體例、注文、訛脫及輯文等方面探索今本《紀年》的眞僞，提出新的結論：今本乃唐十四卷《竹書紀年》之殘本而經後人加以補輯而成，雖有訛脫及後人補輯，然其淵源有自，體例、內容無不與宋以前古本相合，並非宋以後人所造僞書，編定成書不得晚於元代；「明人僞造」說可以休矣。

1085　盛多鈴，出自地下的古史《竹書紀年》，文史知識，1985（1）
1086　吳汝煜，司馬貞《史記索隱》與《竹書紀年》，史記論稿，南京：江蘇教育出版社，1986
1087　夏含夷，也談武王的卒年——兼談《今本竹書紀年》的眞僞，文史，1988（29）
　　　【解題】論證了《今本竹書紀年》並不像一般近代史學家所認爲的那樣是一部宋代以後的僞作，不足作爲歷史資料；相反，此書中至少一段四十字（即一條竹簡上的文字）是與西晉武帝泰康元年（280）汲冢出土墓本的竹書紀年一脈相傳的。

1088　方詩銘，《竹書紀年》古本散佚及今本源流考，紀念顧頡剛學術論文集下冊，成都：巴蜀書社，1990
1089　吳浩坤，《竹書紀年》的發現年代及其學術價值，文博研究論集，上海：上海古籍出版社，1992
1090　夏含夷，《竹書紀年》與武王克商的年代，文史，1994（38）
　　　【解題】論定公元前1045年爲武王克商之年。

1091　邵東方，《今本竹書紀年》諸問題考論——與陳力先生商榷，崔述與中國學術史研究，北京：人民出版社，1998
1092　吳晉生、吳薇薇，《竹書紀年》非僞書辨，文史哲，1996（2）
　　　【解題】對《竹書紀年》僞書說提出了辯駁，認爲朱右曾、王國維、范雍祥等人的懷疑毫無道理。

1093　陳力，今古本《竹書紀年》之三代積年及相關問題，四川大學學報，1997（4）

【解題】《紀年》自西晉後即有不同的整理本，而它們之間有相當大的差異，從表面上看，其原因似乎在於整理方法的不同，但實際上在許多方面特別是關於夏商西周的年代問題上，乃是因整理者出於不同的歷史觀或經學思想而對汲簡重新編排所致，這中間自然有一個有意無意改篡汲簡原文的問題；同時，如何以歷史的眼光客觀、全面地認識古籍所引《紀年》即所謂「古本《紀年》」原意，亦值得我們深思。由於所謂「古本《紀年》」係後人從各種唐宋以前古籍中所輯出者，各條記載是否屬於同一系統？有無文字的訛脫？有無前人誤引？凡此種種，今皆難於考定，因此我們在使用這些資料時應該特別審慎；而今本《紀年》所載史事特別是關於夏商西周年代的記載與唐宋以前學者所引多相符合，首尾基本完具且自成體系，較之隻言片語的「古本《紀年》」更具參考價值。

1094　楊朝明，《今本竹書紀年》並非偽書說，齊魯學刊，1997（6）

【解題】《今本竹書紀年》絕非王國維等人所說「雜陳」各書，其材料即使不是直接採自汲冢原簡，也會取自散佚之前的古本《紀年》。《今本竹書紀年》可能是西晉的和嶠在杜預等人所說的本子之外，根據汲冢的《紀年》原簡另行寫定，後由人進行了整理；或是有人鑒於杜預等人所說的本子存在一些問題，便據而重新改編；與一般所謂的偽書有根本不同。

1095　吳晉生、吳薇薇，夏商周三代積年考辨——兼評《竹書紀年》的失誤，天津師大學報，1998（1）

【解題】經過大量詳盡的考證，從內容上論述了《紀年》正文的可靠性，反駁了自清代以來對該書的種種誤解與歪曲，對「三代紀年」與公元紀年的關係也作了重新的訂正，維護了《紀年》的信史地位。

1096　邵東方，從思想傾向和著述體例談《今本竹書紀年》的真偽問題，中國哲學史，1998（2）

【解題】從《今本竹書紀年》的思想傾向上不當為戰國魏國史官所作，從體例上也與所傳時代不合，應當為偽書。

1097　楊朝明，沈約與《今本竹書紀年》，史學史研究，1999（4）

【解題】《今本竹書紀年》的整理者是沈約。

1098　楊朝明，《今本竹書紀年》中的魯國紀年，齊魯學刊，1999（3）

【解題】《今本竹書紀年》中的魯國紀年決不是憑空僞造的，尤其是魯獻公的在位年數最能說明問題；《今本竹書紀年》於厲公多出2年、武公多出1年，說明倪德衛的「雙元年」說值得重視。《史記·十二諸侯年表》中魯國眞公、武公的紀年是錯誤的，傳統的歷史年表也應作相應改動。

1099 王占奎，《古本竹書紀年》與西周年代，考古與文物，1999（4）

1100 吳晉生，新標公曆《竹書紀年》年表——爲國家「夏商周斷代工程」提供八個年代基點，江海學刊，1999（1）

1101 張培瑜，《大衍曆議》與今本《竹書紀年》，歷史研究，1999（3）

【解題】關於夏、商、周歷代各王的在位年數及干支，今本《竹書紀年》較古本增加了很多記載，所增數值主要取自唐代的《大衍曆議》。由於《大衍曆議》與今本《竹書紀年》所記三代積年是完全不同的兩套系統，今本《竹書紀年》的編者不諳曆數，誤用《大衍曆議》的歲名干支，故而扞格難通。

1102 邵東方，《今本竹書紀年》周武王、成王紀譜排列問題再分析——與夏含夷教授商榷，中國史研究，2000（1）

【解題】廣泛徵引先秦兩漢的資料，並結合周初歷史實際的背景，對夏含夷《今本》中周武王、成王紀譜有「四十字」的錯簡是西晉整理者有意誤排的假設中的消極證據和積極證據進行了全面的論析，提出了充分的駁議，從而證明了所謂「四十字」錯簡說，無論是從文獻的考證，還是從邏輯的推理來說，都是難以成立的。

1103 曹書傑，《古本竹書紀年》西周年代的五個時段及年數推求，古籍整理研究學刊，2002（3）

【解題】根據《古本竹書紀年》佚文並參考其他可靠資料，推求《古本》所記西周年代的5個時段的年限：（1）文王受命——武王伐商18或20年；（2）武王克商——昭王80或82年；（3）穆王——恭王66或64年；（4）懿王——厲王58年；（5）共和以後71年，以及未知王年諸王的大概年限，爲進一步研究確定西周諸王王年提供了一個參考系。同時據魯公年數加以參證，並對《史記·周本紀》所記厲王王年提出質疑；再將《古本竹書紀年》與《今本竹書紀年》所記的西周王年加以比較，發現《古本》不僅所載諸王王年與《今本》十分接近，而且西周年數比《今本》也僅少2年或4年，這是否也可以說明《今本》所載西周王年決非空穴來風，必有所本。

1104 蔣南華,《竹書紀年》眞僞考,貴州教育學院學報,2004（1）

1105 劉仲華,雷學淇及其《竹書紀年》研究,唐都學刊,2006（6）

1106 曹書傑,《竹書紀年》綜論,歷史文獻研究第 26 卷,武漢：華中師範大學出版社,2007

1107 張富祥,今本《竹書紀年》纂輯考,文史哲,2007（2）

【解題】今本《竹書紀年》的原本出於唐代,是開元間整理國家藏書時,由當時所保存的古本《竹書紀年》不完本及歷來所積存的一些附錄性注釋資料,統加整理、改編和增補而纂輯成書的。其年曆主要依據僧一行的《大衍曆》推排確定,並加入了干支紀年。此即《舊唐書‧經籍志》和《新唐書‧藝文志》所著錄的《竹書紀年》14 卷本,而全書實未有定稿。宋代尚存此本,南宋乾道間編製的《中興館閣書目》著錄爲《竹書》,而已復有殘缺。至明代,整理者合併其卷次,又將原本的附錄材料散入本文之下,遂成今本《竹書紀年》2 卷。今本的史料多有增改,年代亦多有錯誤,但它的大部分內容條目還是承古本《紀年》而來的,且並未完全突破古本原載的夏、商、西周年代框架,因此在古史研究和上古年代學上仍具有不可忽視的價值。

1108 倪德衛,「今本」《竹書紀年》與中國上古年代研究——《〈竹書紀年〉解謎》概觀,北京師範大學學報,2009（4）

【解題】《〈竹書紀年〉解謎》一書討論了「今本」《竹書紀年》對研究中國上古年代的重要性,任何恢復準確年代的企圖都必須從分析「今本」《竹書紀年》開始,而此卻被夏商周斷代工程完全忽略了。書中以「今本」《紀年》爲基礎,結合古代天文和曆法的研究成果,提出《紀年》記載的在位年數通常是從完成對先君的服喪期之後算起的假設,確定克商的具體時間爲公元前 1040 年 4 月 18 日,並提供了夏商周三代的具體編年。接著對斷代工程做了評論,表明斷代工程的方法和結論並不完全可靠。最後,重構了《竹書紀年》原始文本的前 303 條竹簡,討論分析了商周遞嬗之際的年代,並認爲「今本」《紀年》是戰國時魏人對眞實年代篡改的結果。附錄提供了更多的資料,對斷代工程在確定商代後期事件時間的問題上提出質疑。

1109 邵東方,《竹書紀年》研究論稿,北京：高等教育出版社,2011

【解題】該書集結了邵氏研究《竹書紀年》的十篇文章,深入探討《竹書紀年》版本的內容及其時代背景,系統而全面地從直接史料中搜尋一切相

關的證據，對於「今本」《竹書紀年》的眞僞問題、「古本」和「今本」的不同思想傾向、《竹書紀年》的史實考證、標點句讀以及英譯探討等問題，均提出有力的文獻佐證和商榷意見。該書目錄如下：

前　言　《竹書紀年》版本題名之辨析與「今本」眞僞之爭論

第一章　「今本」《竹書紀年》諸問題考辨──與陳力博士商榷

第二章　從思想傾向和著述體例論「今本」《竹書紀年》的眞僞問題

第三章　理雅各英譯《竹書紀年》析論

第四章　「今本」《竹書紀年》周武王、成王紀譜之錯簡說再分析──與夏含夷教授商榷

第五章　「古本」《竹書紀年》點校的若干問題──《竹書紀年逐字索引》編者標點《汲冢紀年存眞》訛誤舉例

第六章　晉公子重耳返國涉河時間考一「今本」《竹書紀年》所記「涉自河曲」辨誤

第七章　《水經注》引《竹書紀年》「同惠王子多父伐鄶克之」條考辨

第八章　「今本」《竹書紀年》附注之「寒門」、「塞門」考

第九章　《史記集解》引「荀勗日和嶠云」段標點補證

第十章　「古本」《竹書紀年》校讀箚記

附　錄　《竹書紀年》研究論著參考書目

1110　張健、張培瑜，古本今本《竹書紀年》的天象記載和紀年，天文學報，2012（2）

　　【解題】對《竹書紀年》記載的天象和紀年進行了初步的分析研究，認爲今本《竹書紀年》中新增的天象如日食等，並非汲冢出土佚書的原有內容，而爲宋元以後學者所加。

1111　倪德衛、解芳，《〈竹書紀年〉解謎》後記，北京師範大學學報，2015（1）

　　【解題】近兩百年來，學者皆視今本《竹書紀年》爲僞作。但在 1979 年，作者則證實了今本《竹書紀年》並非僞造。贊成作者之觀點的一派中，後來又衍生出兩種意見。一種是作者的意見，另一種是夏含夷（Edward L, Shaughnessy）的意見。夏含夷的意見，大抵針對作者之觀點而發。在作者看來，今本《竹書紀年》完好保存了公元 280 年左右出土之《竹書紀年》竹簡

的原貌。該竹簡古書，約成書於公元前 4 世紀。除結尾幾處散亂外，均編排
有序。以「歲」記之日期，乃後人加入，屬微調，無礙全局。大體上，作者
以今本《竹書紀年》作底本，重訂了夏、商兩代的紀年（第 1 至第 3 節），並
倚賴天文學發現，對簡文加以修復，以使其更加準確。經修復的今本《竹書
紀年》簡文，現已數量過半（第 4 及第 7 節）。夏含夷與作者看法相悖。他認
爲，竹簡出土時，已雜亂無章。晉代學者整理、編輯竹簡，必然加以重組、
改寫甚或杜撰。於是，他斷言道，作者所作之紀年研究，除周代部分，餘皆
毫無依據，不值一提（第 6 至第 7 節）。此處有一關鍵問題。即，夏含夷發現
之錯簡究竟發生於何時？又爲何有人將周代成王紀年位處中段的一支竹簡錯
置於武王紀譜結尾處，致使武王在周克商後的在位年份增添三年？夏含夷以
爲此舉乃晉代學者所爲，目的在於使亂簡看起來有序、合理。作者認爲，錯
簡在魏國時期，即竹簡古書遭埋藏以前，必已造成。魏國時人之所以如此舉
動，乃是要支持魏惠成王在公元前 335 年宣言稱王。據作者觀察，竹簡排列
有序，且作者研究所得結果，亦可拿來與甲骨文、金文作對照（第 5 及第 13
節）。夏含夷發現之錯簡，必在移動前即已存在。且要使錯簡成立，必得把成
王紀年中有關周公去世、喪葬年份往前倒退十年。結果，周公死後所舉行的
禘祭竟然發生在他去世以前。這種改動，當然也就不可能發生在晉代，而屬
於魏國專家有意爲之（第 5、第 7 及第 15 節）。在第 11 節中解釋了夏帝仲康
五年九月朔之日食。要對此加以解釋，就不得不假設戰國時代對遠古紀年作
錯誤調整的人採用了章蔀置閏法，並據此要找到一個九月朔日時太陽位置在
房的年份。他發現公元前 428 年恰是這樣一個年份，且該年九月朔日爲庚戌
日。於是，他推斷從公元前 428 年往前推 1520 年，即公元前 1948 年，情形
也必相同。除此無法解釋他提出的「1948」和「庚戌」的説法。可是若他用
此推斷法，他必得掌握一千五百年前歷史的確切記載。因爲他得知道確切的
夏朝起始年和確切的日食年份，才能加以推斷。這樣，我們就可以推斷，戰
國時代編寫原本《紀年》的人大抵相同：均掌握確切的歷史記載，並對此記
載加以「修正」（見第 3 節）。我們必須找到他們的動機和誤解，才能對現存
的《竹書紀年》加以利用，並推斷出遠古的眞實年代和日期。

1112　張文濤，史學史視野下的《竹書紀年》辨析，鄭州大學學報，2016（6）
　　　【解題】戰國時期的魏國改革起步較早，意識形態領域雖雜取儒家文
化、法家政治和兵家軍事思想且頗有成效，但各派思想既衝突又有交互影響，

使魏國一時成為政治、文化各種矛盾的焦點。這是《竹書紀年》產生於魏國的社會背景。從史學史角度考察，《竹書紀年》是在晉、魏史乘編年記事的基礎上，追溯西周、商、夏乃至遠古，然後按時代順序排纂的編年體史籍，內容有意擇取了與儒學相悖的古史傳說，是迄今發現最早完成歷史體系構建的、通貫各時代的史書。有些學者將此書夏代之前編年不能完整的內容作為附錄，甚至將之分為《紀年》《紀令應》和《雜事》三類，這是錯誤的，因為戰國時期的史籍不可能具有這種甄別內容、分類記載的認識水平。有些學者認為明代出現的《今本竹書紀年》「並非偽書」，更是顛倒是非，因為對於《今本竹書紀年》的辨偽，已經形成無法撼動的成體系的證據鏈。

1113　王奧，古本《竹書紀年》成書與流傳考，文化學刊，2016（5）

【解題】《竹書紀年》是戰國時魏國史官所編撰的一部編年體通史，西晉初年出土於戰國魏古冢中。秦始皇焚書，除《秦紀》外，列國史書均遭焚毀，而當時此書埋藏地下，躲過一劫。古本《竹書紀年》在西晉、南北朝流傳過程中即出現多種版本，約在宋代亡佚。本文便主要針對《竹書紀年》的出土、成書、整理、流傳四方面展開論述。

1114　高行之，今本《竹書紀年》作者及成書年代考，管子學刊，2018（2）

【解題】程平山《百年來〈竹書紀年〉真偽與價值研究述評》比較客觀、全面地了總結了近百年來學術界對古、今本《竹書紀年》的研究成果，以及由此形成的各種觀點爭論，文章建議跳出「《竹書紀年》本身以及將《竹書紀年》條文分離地和其他文獻比較」的思維模式局限，作「在翔實數據下的系統研究」。倪德衛認為今本「完好保存了」「約成書於公元前 4 世紀」的竹簡古書的原貌，以此來重訂了夏商兩代的紀年，並欲作更進一步的研究；也有部分學者認為古、今本《竹書紀年》沒有價值者，蓋因其所記載的舜繼堯位、太甲殺伊尹和益啟之爭等與傳統記載不符，從而判定係後世偽作。顯然，如果能夠確定今本《竹書紀年》的作者及其成書年代的話，不但對研究本身更加具有指導意義，而且可以使研究更加務實而簡捷。因此，今本《竹書紀年》的作者和成書年代之確定就顯得尤為重要和迫切。本文把今本與古本的主要不同總結為在紀年方式、舜繼堯位和益啟之爭、「帝王之崩皆曰陟」的表述三個主要方面，其中「帝陟」的表述是今本最大、最顯著卻又一直沒有被研究者所注意的一個特點，而前兩者則反映了今本作者強調道統的思想。本文從

「陟」的釋義和使用切入，深入剖析韓愈《黃陵廟碑》一文，發現「帝陟」的表述與韓愈有著分不開的關係。種種跡象表明，韓愈就是今本《竹書紀年》最初的原創作者。

元經

1115　張新民，《元經》考辨，古籍研究，1997（1）

【解題】《元經》所謂阮逸僞撰，實止續經與續傳一卷，其餘均爲薛收原本。

1116　楊直，《元經》考論，東北師範大學碩士學位論文，2017

【解題】通過對於《元經》的考證及前人對《元經》的諸多考證來討論《元經》的眞僞問題。共分爲三個部分，第一部分是對《元經》的眞僞進行討論，從辨僞學的幾個基本方法入手，包括文獻流傳、避諱、版本等幾方面，力圖說明斷言其爲眞或爲僞的說法均不完全可靠。第二部分是從其文獻本身入手，通過與正史的比較研究《元經》的史料價值。第三部分是對《元經》的體例、思想的研究。本文研究的重點是對於《元經》的眞僞問題的討論。

紀事本末類

明史紀事本末

1117　徐泓，《明史紀事本末》的史源、作者及其編纂水平，史學史研究，2004（1）

【解題】《明史紀事本末》大多抄自《明史紀事》，張岱、徐倬、張壇等參編，但編纂水平並不高。

1118　胡益民，張岱卒年及《明史紀事本末》作者問題再考辨，復旦學報，2004（5）

【解題】通過對大量第一手材料的比勘、互證，並運用張岱手稿，確證張岱卒於 1680 年，時年八十四；又從張岱的生平遊歷入手，並將《石匱書》與《明史紀事本末》細加比勘，認爲張岱只是參加寫作者之一，所謂谷書「竊自張書」的說法並不成立。

別史類

逸周書

1119　顧頡剛，《逸周書・世俘篇》校注寫定與評論，文史，1963（2）

1120　劉重來，關於《逸周書》的一樁懸案，西南師院學報，1983（1）

1121　繆文遠，周史珍貴須細讀：《逸周書》簡介，文史知識，1988（7）

1122　趙光賢，《逸周書・世俘》篇並擬武王伐紂日程表，歷史研究，1986（6）

1123　趙光賢，《逸周書》略說，河北師院學報，1987（1）

1124　黃懷信，逸周書時代略考，西北大學學報，1990（1）

　　【解題】71 篇《周書》，係周人於孔子刪《書》之後，取其所刪餘篇，以及傳世其他周室文獻，又益以當時所作（如《太子晉》等篇），合爲 70 篇，依《書》之體，按時代進行編次，並對舊篇進行了程度不同的解釋、加工或改寫，篇名附上「解」字，又仿《書序》作《序》一篇，合訂而成。其時代當在春秋晚季的周景王末世（前 532 — 前 520 年）。

1125　汪受寬，《逸周書・諡法解》成書年代與作者蠡測，中國歷史文獻研究（3），武漢：華中師範大學出版社，1990

　　【解題】《諡法解》由楚國儒生纂成於公元前 370 至前 321 年間。

1126　趙光賢，《逸周書・作洛》篇辨僞，文獻，1995（2）

1127　李學勤，《尚書》與《逸周書》中的月相，中國文化研究，1998（2）

　　【解題】主張月相定點說。

1128　劉俊男，《古文尚書》與《逸周書》源流考——兼與劉起釪先生商榷，山東師範大學學報，2003（2）

　　【解題】《古文尚書》百篇基本未失，多保存在後世的不同版本的書中，《逸周書》當屬《古文尚書》。

1129　薛金玲，《逸周書・諡法》時代辨析，西安石油學院學報，2003（3）

　　【解題】依據古文獻和社會歷史發展的規律，對《逸周書・諡法》時代進行了辨別、分析和考證，最後得出結論：現存《逸周書・諡法》是春秋初期在周初《諡法》的基礎上增益、修改而成的。

1130　張懷通，由「允哉」看《逸周書》相關篇章的製作時代，史海偵跡——

慶祝孟世凱先生七十歲文集，廣州：新世紀出版社，2006

1131　唐元發，《逸周書》成書於戰國初期，南昌大學學報，2006（6）

【解題】就相關史料及是書內容，再次作了進一步的探討，並從詞彙發展史的角度，對書中幾個常用詞的使用情況作了歷時的考察，初步推斷《逸周書》的成書年代宜在戰國初期。

1132　張洪波，《逸周書》各篇章的思想與著作時代質疑，三峽大學學報，2009（2）

【解題】詳細考察《逸周書》各篇體現的思想觀念，其中有關於王霸之辨的思想，有成熟的中道論和人性論，因此反對黃懷信除其中可信爲西周時代的各篇外，都成於春秋以前的觀點，認爲其中體現貴族宗法政治的諸篇章則似可斷定成於春秋時代。

1133　王連龍，《保訓》與《逸周書》多有關聯，社會科學報，2010
1134　王連龍，《逸周書》研究，社會科學文獻出版社，2010

【解題】該書第一編「《逸周書》源流考辨」章目如下：

第一章　《逸周書》原生形態問題

第一節　先秦《逸周書》存在形態考察

第二節　《逸周書》成書問題

第二章　汲冢「《周書》」問題

第一節　汲冢「《周書》」相關問題通考

第二節　汲冢「《周書》」爲《六韜》考

第三章　晉人對《逸周書》的整理

第一節　《周書序》

第二節　「解」

第三節　整合篇章

第四章　西晉後《逸周書》流傳問題

第一節　隋唐時期《逸周書》的流傳

第二節　唐後《逸周書》的流傳

第五章　《逸周書》流傳問題中的個案研究

第一節　《月令》異名問題

第二節　《世俘》篇來源問題

附錄二　最近二十年來《逸周書》研究概述

附錄三　對姜廣輝先生《〈保訓〉「十疑」》一文的幾點釋疑

附錄四　再談姜廣輝先生對《保訓》篇的疑問

1135　麻愛民，《逸周書・祭公》新證，古籍整理研究學刊，2010（4）

【解題】採用「二重證據法」，將《逸周書・祭公》篇與西周銅器銘文、《尚書》、《詩經》等西周文獻比對，支持《祭公》篇爲可靠的西周文獻的觀點，並糾正了其中斷句、訛誤、脫漏等錯誤。

1136　羅家湘，《逸周書・器服解》是一份遣策，文獻，2011（2）

【解題】根據出土遣策與《逸周書・器服解》進行對比，論證《逸周書・器服解》亦爲遣策。

1137　李學勤，清華簡與《尚書》、《逸周書》的研究，史學史研究，2011（2）

【解題】清華大學藏戰國竹簡中，有《尚書》、《逸周書》和佚書 20 多篇，其中清華簡《金縢》能和伏生所傳今文《尚書》直接聯繫。從清華簡來看，現在不能證明，也不能反對孔子編百篇《尚書》之說，但是清華簡足以說明東晉以後的古文《尚書》沒有歷史根據。清華簡中《尹誥》、《尹至》篇有很多的用詞和語法同今文《尚書》中的《夏書》和《商書》是一樣的，清華簡裏沒有《尚書》和《逸周書》的差別，因此我們對《逸周書》裏面若干篇書的估價，還應該提高。

1138　牛鴻恩，論《逸周書》寫作的時代與地域——兼與劉起釪、李學勤先生
　　　商榷，勵耘學刊，2012（1）

【解題】《逸周書》除作於西周史官的寶貴史書（其中少數篇有後人修飾）以外，其餘四十餘篇均爲戰國人所作，漢代作品三數篇，時代難以明指者兩三篇。其與《管子》、《周禮》等齊國作品思想、文體的相似性，說明這些作品應當作於齊國稷下，明顯受到戰國中期秦法家、齊法家及齊五行家、黃老家思想影響；從文體上看，以數爲紀、頂眞修辭格亦盛行於戰國；改《六韜》等書之「太公」爲周公，更是《逸周書》出於田齊的鐵證。

1139　楊棟，何簋與《逸周書・度邑》篇，中國典籍與文化，2012（3）

【解題】新見《何簋》銘文「陟殷」一詞與《逸周書・度邑》篇相合，再結合《何尊》、《天亡簋》及其他西周文獻，可考定《度邑》確爲周初文獻。

1140　張志雲，《逸周書·克殷篇》眞僞考辨，延安大學學報，2013（6）

　　【解題】《逸周書·克殷》篇記載了武王克商的經過，它記錄了周武王對自焚而死的商紂王實施了「箭射、劍刺、斬首、懸旗」等殘酷行爲；古代很多學者認爲上述記載不實，係後人僞造。漢代之前的許多文獻對此事都有類似記載，該篇所載內容爲眞實史實，質疑該篇係僞造的論據並不充分。

大金國志

1141　崔文印，《大金國志》初探，史學史研究，1982（4）

1142　崔文印，《大金國志》新證，史學史研究，1984（3）

1143　趙葆寓，關於《大金國志》的成書年代問題，黑龍江文物叢刊，1984（3）

1144　鄧廣銘，再論《大金國志》和《金人南遷錄》的眞僞問題——與崔文印君商榷，紀念顧頡剛學術論文集，成都：巴蜀書社，1990；鄧廣銘治史叢稿，北京：北京大學出版社，1997

　　【解題】《大金國志》和《金人南遷錄》均爲僞書，前者純屬子虛烏有內容多出杜撰，後者多抄宋代文獻。

1145　都興智，《大金國志》及其作者，遼寧大學學報，1990（2）

　　【解題】《大金國志校證》提出的觀點——「現在的《大金國志》出自兩人之手，卷一到卷十五、記載典章儀制的諸卷、開國功臣傳是宋人宇文懋昭於端平元年（1234 年）著成，卷十六到卷二十六、文學翰苑傳是另一個人入元後續成」難以成立。

1146　劉浦江，再論《大金國志》的眞僞兼評《大金國志校證》，文獻，1990（3）

　　【解題】《大金國志》爲雜抄舊史而成的僞書，並對《大金國志校證》一書的錯誤提出批評。

1147　李秀蓮，試析《大金國志》資料來源及其史料價值，綏化學院學報，2006（2）

　　【解題】對《大金國志》的資料來源進行梳理，並從史料的不同層面具有不同的價值入手，進行具體地分析，重新、客觀地評價，認爲其對史學史研究、社會史研究、文化史研究有多重價值。

1148 苗潤博,《中華再造善本》所收杭世駿《金史補闕》辨偽,史學史研究,
2016(2)

國語

1149 孫海波,《國語》眞偽考,燕京學報,1934(16)

1150 孫海波,《國語》眞偽續考,文哲月刊,1937(10)

1151 徐寶成,淺談《國語》作者,延邊大學學報,1980(2)

1152 王樹民,《國語》的作者和編者,文史,1985(25)
【解題】《國語》非成於一時一人之手,也非左丘明所編定。

1153 譚家健,關於《國語》的成書時代和作者問題,河北師院學報,1985
(2)

1154 石千,私家史乘亦爲《國語》材料來源,化中師院研究生學報,1985
(1)

1155 彭益林,《國語・晉語》校讀記,華中師大學報,1986(5)

1156 沈長雲,《國語》編撰考,河北師院學報,1987(3)

1157 唐弘嘉,《左傳》的編次、傳授系統及其與《國語》的關係,河北師院
學報,1988(3)

1158 李坤,《國語》的編撰,史學史研究,1988(4)
【解題】《國語》是在編者特走的政治思想和歷史觀指導下精心編撰成
的有其較爲嚴密的內在邏輯、固定體裁、自成體系的一部史學早期的「語體」
史書。

1159 李坤,關於《國語》思想的若干探討,中學歷史教學,1988(4)

1160 王文才,《國語》作者小考,青海師大學報,1990(2)

1161 譚家健,歷代關於《國語》作者問題的不同意見綜述,中國史研究動態,
1994(7)
【解題】《國語》是先秦時期的一部著作,其文字在《韓非子・說疑》
中已被利用,但只云「記曰」;《禮記・杬弓下》和賈誼《新書・禮容下》也
引用過,但沒有標明書名;司馬遷第一次提出《國語》的書名和作者,《史記・
太史公自序》和《報任安書》都提到「左丘失明厥有《國語》」;劉歆曾引《國
語》的話,而稱之爲《春秋外傳》;東漢班彪進而指出:「定哀之間,魯君子

左丘明論集其文，作《左氏傳》三十篇；又撰異同，號曰《國語》，二十一篇」；而後其子班固《漢書・藝文志》正式將《國語》著錄爲「左丘明撰」；但歷代對《國語》作者的看法並不統一。綜觀自漢迄今各種意見，主要不外四種（《左傳》《國語》同出左丘明之手；二書非出一人；《國語》成書在《左傳》之前；《國語》成書在《左傳》之後），目前討論尚在繼續中。

1162　邵毅平，《國語》的作者與時代，圖書館雜誌，2004（4）

　　【解題】《國語》作者似應是戰國前期人，在編纂過程中利用了各國的史料檔案；《國語》成書應在戰國前期，與《左傳》約略同時代。

1163　張富祥，《國語・周語下》伶州鳩語中的天象資料辨僞，東方論壇，2005（3）

　　【解題】《國語・周語下》所記伶州鳩語中的天象資料是晚出的僞史料，大率出於後世兵家言，並非周初原始觀測的記錄。

1164　張居三，《國語》的史料來源，哈爾濱學院學報，2006（12）

　　【解題】《國語》是編撰者雜取周王室及各諸侯國「春秋」史料而成。除了「春秋」一類的史料外，尚有諸如「詩」、「禮」、「樂」、「令」、「故志」、「訓典」以及瞽矇口述歷史等多種文獻爲其成書提供史料，這些文獻不但豐富了《國語》的史學和文學的内涵，而且增加了《國語》的審美價值。

1165　饒恒久，《國語・越語下》作時獻疑，紹興文理學院學報，2010（5）

　　【解題】《越語下》當是戰國前期的作品。作者針對「《越語》不爲《史記》所取，故作於其後」的説法，指出《史記・越王句踐世家》對《越語下》主要部分幾乎全文照引，説明至少司馬遷時代《越語下》已經成篇；針對「《越語下》記年與《左傳》不合」的説法，對王引之的觀點進行了細緻考辨，認爲王氏對韋昭注的理解有偏差；針對《越語下》文體風格及思想流派與《國語》不類的説法，指出這不能作爲《越語下》晚出的根據。

1166　馬振方，《國語》《左傳》的虛擬成分與文類辨析，中國典籍與文化，2011（2）

　　【解題】《國語》、《左傳》不同程度上夾雜著虛擬敍事，這些虛擬的内容或爲傳説，或爲今之小説或小説成分，並分別從人物長話、造作預言、鬼神怪夢、悖理牴牾、不可知處幾個方面進行論述。

1167 張居三，《國語》與《越絕書》、《吳越春秋》的關係，文藝評論，2012
　　（8）

　　【解題】《國語》的貢獻不能輕視：它不僅僅是先秦時期一部用來教育
貴族世子的教科書，也不僅僅是提供執政者以監戒的「語」書，而且是一部
重要的歷史著作；從編撰學的角度看，它爲後世修史者提供了經驗，啓發著
他們再創造的思路；它的內容與《左傳》相媲美，被包括《史記》在內的史
籍大量引用，有的引文甚至隻字不改；《越絕書》和《吳越春秋》的編撰者也
從多方面吸收《國語》的營養，創作出具有地域特色的史志，豐富了我國古
典文獻的類別。

1168 李佳，《國語》編纂析論，史林，2014（2）

　　【解題】《國語》透過歷史上的善惡成敗事蹟，向執政者進諫，使之從
中得到經驗教訓，從而更好地修身治國。這一編纂目的是借該書所採用的勸
諫性的四段式，和具有預言性的三段式結構達成。這種首尾呼應的篇章結構，
有效地服務於該書鑒察往事，警戒將來的編纂目的。另外，該書所記史實多
有出入，亦可證明其並非以實錄歷史爲目的，而善惡兼記的特點則可證「明
德」說的不足。此外，《晉語》中有連續三篇所載內容相似，但是三篇字數的
多寡，內容的繁簡，以及篇章的結構等都很不相同，通過比較分析，不難發
現三篇的內容顯然存在著由簡到繁的衍變過程。總之，《國語》的寫作是作者
在明確的編纂目的指導之下，將各國語書資料選擇、充實、潤色，雖未盡統
一，卻具有清晰的內在系統性。

1169 張永路，《國語》非史料彙編論辨，理論界，2015（2）

　　【解題】《國語》是先秦時期的一部重要文獻。「《國語》是一部史料彙
編」的觀點沒有注意到《國語》本身的系統性和完整性，《國語》自始就是一
部有著鮮明主題、精心布局和統一體例的完整著作。

1170 戎輝兵，《國語》作者、成書時代考論，南京師大學報，2018（2）

　　【解題】通過對前人意見、《國語》及與之相關的傳世文獻和出土文獻
的考辨，《國語》作者是左丘明、成書時代大致在春秋末期至戰國前期的漢魏
舊說應該是可信的。

戰國策

1171 羅根澤，《戰國策》作於蒯通考，學文，1931（4）；古史辨（第四冊），
1933

1172 羅根澤，《戰國策》作始蒯通考補正，古史辨（第四冊），1933

1173 李菊田，《戰國策》之時地考，存誠月刊，1935（6）

1174 金德建，《戰國策》作者之推測，廈門圖書館聲，1932（11）；古史辨（第
六冊），1938

1175 羅根澤，《戰國策》作者之討論，廈門圖書館聲，1936（1～3）；古史辨
（第六冊），1938

1176 李菊田，《戰國策》時地作者考略，人民世紀，1947（5～6）

1177 齊思和，《戰國策》著作時代考，燕京學報，1948（34）

1178 潘辰，試論「戰國策」的作者問題，光明日報文學遺產版，1956（135）

1179 羅根澤，潘辰先生試論「戰國策」的作者問題商榷，諸子考索，北京：
人民出版社，1958

1180 程百讓，《戰國策》的作者及其古、今本問題，鄭州大學學報，1963（4）
【解題】晁公武《郡齋讀書志》認為《戰國策》出於學縱橫者所著，從
而不認為《戰國策》是史書，而把它列在子書類中；清代乾隆年間牟庭提出
蒯通著《戰國策》之說；後來羅根澤認為《戰國策》只是蒯通一家之言，金
德建也曾著文提出《戰國策》作者為蒯通、主父偃等人，從而既否定其史書
性質，又否定其為漢以前的古籍。結論：《戰國策》基本上是一部先秦古書，
不是一人一手之作，其大部分內容是戰國時人的作品，而最後成書於劉向。《戰
國策》的古本到北宋已殘，今本乃經曾鞏補輯而成；今本雖有殘缺，而殘缺
不算太多；雖有竄補，而竄補實屬有限；古本之大體仍然保存著，其史料的
原始性與豐富性實不容過分貶損。

1181 徐中舒，論《戰國策》的編寫及有關蘇秦諸問題，歷史研究，1964（1）
【解題】《戰國策》出於戰國、秦、漢間，是當時游說之士世代傳習、
隨時增益和編錄的總集，其中所保存的史料，也有不盡可信的。現存《戰國
策》是經過劉向據中秘所藏校錄的。

1182 孫家洲，《戰國策》記事年限與作者考析，中國人民大學學報，1993（5）
【解題】劉向《書錄》所載《戰國策》記事起訖年代，可考訂為前 455

年——前 203 年。唐以前的《戰國策》紀事下限止於漢初，司馬貞《史記索隱》中所說的《戰國策》載有蒯通說韓信之辭，必非詭談。《戰國策》的編定是一個較長的歷史過程，在這個過程中，蒯通只是一個重要中介人。

1183 邵毅平，《戰國策》的作者與時代，圖書館雜誌，2004（7）

【解題】從《戰國策》的形成史來看，它應有其每一篇的原始作者，有作爲其前身的早期結集本及結集人，然後才有了劉向的編輯整理。作者綜合學者們的各種研究，並作了一番梳理和介紹。

1184 程小詩，《戰國策》部類歸屬問題之爭議，成都紡織高等專科學校學報，2006（4）

【解題】《戰國策》一書乃劉向雜採多本「中書餘卷」彙編而成，當時非信史就已經存在於《戰國策》之中了。可以說是劉向給了非信史的《戰國策》史的形制、史的規模，從而引發了這千年公案。

1185 董常保，《戰國策》資料來源及編訂體系考辨，忻州師範學院學報，2006（6）

【解題】根據劉向《戰國策書錄》所述，對《戰國策》的「國別者八篇」和六種「中書」資料進行分類考辨，進而參照《戰國策集注匯考》和《戰國策考辨》，對其編訂體系進行簡略考辨。

1186 程小詩，《戰國策》部類歸屬問題再探討——擬託篇章之考辨，重慶師範大學學報，2007（3）

【解題】《戰國策》一書乃漢劉向雜採多本「中書餘卷」彙編而成，非信史在劉向彙編時已存在於其中了。這些非信史中很大部分是學縱橫之術的後來者模擬前輩高人的依託之作，或是一種用於傳授的教材腳本。且存在於理不合、地理不合、時世不合、史實不合、套括故智、牴牾、雜抄綴輯、多種不合等類。由此可見，《戰國策》既非全信史，又非一家之書，也不盡是縱橫家之言。

1187 董常保，《戰國策》的書名及編著者考辨，阿壩師範高等專科學校學報，2007（4）

【解題】《戰國策》的書名是劉向依據書中內容所定，而《戰國策》的編著者，從時間跨度上講，它不是出於一時；從內容的紛繁複雜上講，不

是出於一人之手；從書名的多樣性講，是多人著寫，多人編訂；而《戰國策》的最後編訂，則是由劉向統籌而編訂成書的。

1188　趙爭，《史記》與《戰國策》關係新論，史學月刊，2012（12）

【解題】對於古書成書，應摒棄以往那種不是你襲取我就是我割取你的「非此即彼」的線性思維方式，對古書成書與流傳的複雜情況應有較爲充分的估計和認識。《史記》、《戰國策》存有互見材料的情形很可能既非《史記》採《戰國策》，也非《戰國策》割取《史記》，而主要是其所據的「戰國權變材料」具有「同源異流」的文本形態使然。

1189　張海明，《史記・荊軻傳》與《戰國策・燕太子丹質於秦》關係考論，清華大學學報，2013（1）

【解題】戰國史料中並不存在一個司馬遷在其基礎上「增益」以作《荊軻傳》，且爲劉向編入《戰國策》的文本；唐人所見《戰國策》已非劉向古本原貌，今本《戰國策・燕策三・燕太子丹質於秦》章乃後人據孔衍《春秋後語・燕語》之荊軻刺秦部分補入，時間當在隋、唐之際。

1190　宋健，《戰國策・齊策六・燕攻齊取七十餘城章》辨僞，寧夏社會科學，2013（2）

【解題】魯仲連射書解圍在田單復齊之時，但《與燕將書》今已散佚，好事者僞造之，並將之與射書解圍的史實相連綴，這就是《戰國策・齊策六・燕攻齊取七十餘城章》的由來與構成。歷代注家皆對該章首尾有關射書解圍之事，持懷疑甚至否定態度，卻視僞出的與燕將書爲實錄。作者通過文獻對比和考證，確定魯仲連射書解圍事蹟的眞實性；又通過多方面舉證，還原《與燕將書》出自僞託的眞面目。

1191　夏德靠，《戰國策》文的來源及其編纂，中國文學研究，2014（4）

【解題】《戰國策》是在「中書六種」及「國別者八篇」的基礎上整理、編纂而成。「國別者八篇」的編纂方式沿襲《國語》的特徵，很可能出自戰國史官之手。「中書六種」可分爲三類：《國策》、《國事》一類，《事語》一類，《短長》、《長書》、《修書》爲一類。《國策》的命名源於先秦史官的策書文獻，「國別者八篇」與《國策》、《國事》都屬於史官文獻，它們的區別在於《國策》、《國事》缺乏條理性，在材料來源上較「國別者八篇」更爲原始。《短長》、

《長書》、《修書》的命名與縱橫術有關，這三種文獻很可能是教授或學習揣摩縱橫術的人所編纂的。《事語》的命名同樣源於先秦史官的語類文獻，但其編纂是出於史官還是教授或學習揣摩縱橫術之人則難以肯定。遊士說辭是中書及《戰國策》的原始文獻，但這些說辭文獻存在眞實與擬託之分。劉向只對中書做了「因國別者，略以時次之，分別不以序者以相補」及「除複重」的工作，經其整理的《戰國策》屬於史著文獻。《戰國策》的文體涵括對話體與事語體兩種形態，《國語》已存在對話體，因此《戰國策》對話體的意義並不大；《戰國策》的文體價值主要體現在「事語體」，它對後世史著中的「列傳」或「傳記」的書寫發生非常顯著的影響。

隆平集

1192　葉建華，《隆平集》作者考辨，史學史研究，1999（2）
　　　【解題】在余嘉錫的研究基礎上，論證《隆平集》確爲曾鞏所撰。

1193　熊偉華，《隆平集》的作者問題再考證，古籍整理研究學刊，2012（2）
　　　【解題】進一步確定了《隆平集》的作者當爲曾鞏。

1194　王瑞來，《隆平集》釋疑，輔仁歷史學報，2012
　　　【解題】在余嘉錫的研究基礎上，進一步論證《隆平集》不僞。

雜史類

穆天子傳

1195　丁謙，《穆天子傳》紀日干支表，地學雜誌，1915（12）

1196　劉師培，穆王西征年月考，中國學報，1916（2）

1197　童書業，穆天子傳疑，禹貢，1936（3〜4）；中國古代地理考證論文集，北京：中華書局，1962
　　　【解題】從西王母之人化、膜拜禮之晚出、皇后一名可疑、紀事與《史》《漢》之體例同四個方面的疑點，認爲《穆天子傳》爲晉人雜集先秦散簡，附益所成，雖有古代材料，但大部分爲杜撰。

1198　顧頡剛，《穆天子傳》及其時代，文史哲，1951（2）
　　　【解題】「自從到了『積石南河』，作者就開始採用《山海經》的名詞」，

「與《山海經》不同的一點，就是他不取神話」，「把一切現實化了」，以大量穆王巡行的日常活動稀釋並溶解了傳說的故事性，使作品成了穆王西征的「一部排日的遊記」。

1199　常徵，《穆天子傳》是偽書嗎？——《穆天子傳新注》序，河北大學學報，1980（2）

【解題】《穆天子傳》非晉人偽造，非漢人偽文，亦非戰國時人作品，純粹爲西周作品。

1200　孫致中，穆王西征與《穆天子傳》·齊魯學刊，1984（2）

【解題】《穆天子傳》即使不是穆王的史官，也必是西周的史官所作，不可能是戰國作品。

1201　王貽梁，燕戈「七萃」及《穆天子傳》成書年代，考古與文物，1990（2）

【解題】運用相關的金文資料，並結合文獻進行考證，認爲《穆天子傳》必是戰國時人的作品。

1202　史爲樂，穆天子西征試探，中國史研究，1992（3）

【解題】考察穆天子西征的幾個具體問題，並認爲《穆天子傳》應是戰國時代魏襄王二十年（公元前299年）以前的作品。

1203　李崇新，《穆天子傳》成書時代考，西北史地，1994（4）

【解題】歷史上的周穆王並未西征，《穆天子傳》乃後人假託之作，其成書時代當晚在戰國之際，成書的歷史背景極可能和趙武靈王的經略西北有關。《穆天子傳》的內容對於研究春秋戰國時代的中西交通、以及當時中國西北以遠地區的山川地理形勢和部族邦國的分佈等方面具有重要的史料意義。

1204　李崇新，《穆天子傳》西行路線研究，西北史地，1995（2）

1205　馬振方，大氣磅礴開山祖——《穆天子傳》的小說品格及小說史地位，北京大學學報，2003（1）

【解題】《穆傳》爲小說之祖，不依附於任何子書與史書而自成一體，且篇幅曼長，結構嚴整，在先秦可稱小說者中絕無僅有。其語言與文風，較戰國中後期出現的包含小說或小說成分的諸多子史之作更古樸、更粗糙，少

有對話與鋪陳，因此，其成書時間雖不能確定，多應早於那些子史之作。又認爲《穆傳》用了較多的《山海經》中地名，又與其方位不甚相契，正顯示出小說家的某種無奈和隨意性；如果忽略其小說性質，定要按圖索驥，處處落實，難免膠柱鼓瑟之弊。

1206 常金倉，《穆天子傳》的時代和文獻性質，周秦社會與文化研究——紀念中國先秦史學會成立 20 週年學術研討會論文集，2002 年；社會科學戰線，2006（6）

【解題】從《穆天子傳》的文本記載出發，結合歷史文獻記載和最新考古成果，提出了 18 個比較有力的證據，從各個方面論證了《穆天子傳》成書於戰國時期，是方術家的作品。

1207 尹興國，《穆天子傳》的成書時間、性質和價值，西北師範大學碩士學位論文，2004

1208 楊憲益，《穆天子傳》的作成時代及其作者，譯餘偶拾，濟南：山東畫報出版社，2006

1209 顧曄鋒，《穆天子傳》成書時間研究綜述，長春理工大學學報，2007（4）

1210 李少波，《穆天子傳》成書非西周說舉證商榷，青海社會科學，2014（1）

【解題】《穆天子傳》成書的年代，雖然目前學術界多傾向於戰國說，但並未能圓滿地說明文本中相互矛盾的證據；一方面是由於目前人們所能掌握的材料有限，同時也與研究者考察問題的途徑、方法和手段不盡相同有關。目前否定《穆天子傳》成書於西周的證據遠未達到證據確鑿的地步，而在這樣的前提下以假說爲基礎對《穆天子傳》時間、性質、作者做出的種種推論，自然難以有效推動研究深化，其學術意義也是極爲有限的。

容齋逸史

1211 吳企明，《容齋逸史》補證，中華文史論叢，1979（1）

【解題】對《四庫提要》之說提出三點補證，肯定《逸史》是洪邁之作。

1212 陳得芝，關於方臘的所謂「漆園誓師」，南京大學學報，1979（2）

【解題】懷疑《逸史》爲洪邁所作，認爲容齋是否就是洪邁，還是值得研究的問題。

1213　楊渭生，《容齋逸史》獻疑，歷史研究，1979（9）

【解題】認爲《容齋逸史》爲後人假託，但其中不乏眞實史料，應具體分析，去僞存眞。

1214　陳振，《〈容齋逸史〉獻疑》質疑，歷史研究，1980（2）

【解題】肯定《逸史》爲洪邁所作，認爲《獻疑》一文缺乏足夠的根據。

1215　潘天禎，《容齋逸史》的作者訂補，江蘇圖書館工作，1982（1）

【解題】洪邁自號容齋，與《逸史》的題名相同，其著作雖多散佚，但有確實材料證明他曾纂修包括方臘起義時期的《四朝國史》，對方臘起義史料十分熟悉。《容齋隨筆》中反映的政治觀點，與《逸史》作者的觀點一致；而《逸史》描寫花石綱之擾的文字與《容齋續筆》和以《四朝國史》爲稿本的《宋史・朱勔傳》文又多同；這些對「《逸史》爲洪邁所作」之說是相當有力的佐證。如果沒有確鑿的反證，不宜否定。至於《逸史》所載方臘起義的「鼓動詞」，當有所據，亦不宜否定其史料價值。

1216　吳泰，《容齋逸史》「僞作」說質疑，中國史研究，1982（2）

【解題】就《逸史》爲洪邁所作之說提出佐證，認爲《逸史》可能爲洪邁散佚之文，政治觀點與洪邁一致，書中有成段文字爲洪邁作。

籌海圖編

1217　李致忠，談《籌海圖編》的作者與版本，文物，1983（7）

【解題】《籌海圖編》實出胡宗憲幕僚鄭若曾之手，而爲胡氏後人掠美。

1218　汪向榮，《籌海圖編》的版本和作者，讀書，1983（9）

【解題】奮靖初刻本的署名，並沒有胡宗憲字樣，在所有序跋，包括在發行時因胡宗憲出事而撤去的胡宗憲序中，也都說《籌海圖編》是鄭若曾之作，根本與胡無涉。

1219　宋克夫、邵金金，論胡宗憲在《籌海圖編》編撰中的重要作用，中南大學學報，2011（6）

【解題】現行《籌海圖編》的編撰過程以鄭若曾入胡宗憲幕府爲界分爲兩個階段。鄭若曾在未入幕府之前已經完成了《籌海圖編》前七卷部分內容的編撰，而前七卷的大部分內容及後六卷完成於胡宗憲幕府之中。在《籌海

圖編》第二階段的編撰中，雖然鄭若曾仍然擔任著資料收集和執筆撰寫等主
要編撰工作，但幕府主人胡宗憲在這一階段編撰中也發揮了重要的作用。他
不僅組織其幕府成員共同輔翼鄭若曾完成《籌海圖編》的編撰，並最終促成
了此書最終的出版刊行，而且還爲《籌海圖編》後期編撰特別是《籌海圖
編》的後六卷內容的編撰貢獻了自己的思路。因此，在不否認鄭若曾爲《籌海圖
編》主要編撰者的前提下，胡宗憲的編撰功績不應該被埋沒，同時「胡宗憲
輯議」這種署名方式也是有一定的道理的。

1220 陳平平，爲《籌海圖編》正名——陳亞昌先生以胡批鄭是以僞打眞、
以臺批壹是指對爲錯，鄭和研究，2014

【解題】陳亞昌以爲《籌海圖編》只有一種版本，不知有多種版本；不
知其眞正作者是鄭若曾，不是胡宗憲；不知胡氏後人欺世盜名，先後竊取他
人成果爲己有的歷史事實；不知有鄭若曾《籌海圖編》眞本的存在，康熙鄭
本最善，其相應條目有鄭和二字；不知岐島歷史地理名稱的沿革；沒有認知
基本的事實，就公然以胡批鄭、以僞打眞，以臺批壹，指對爲錯。

庚申外史

1221 陳高華，《庚申外史》作者權衡小考，元史論叢（第四輯），北京：中
華書局，1992
1222 李鳴飛，《庚申外史》作者再考，中國典籍與文化，2012（2）

【解題】就《庚申外史》與《庚申帝大事紀》的關係展開討論，認爲《庚
申帝大事紀》爲劉夏根據暢忠之所言史事加以修改補充而作。

西魏書

1223 袁行雲，謝啓昆《西魏書》等書爲胡虔代撰，文史，1982（14）

其他

1224 崔文印，談《史綱證要》的眞僞問題，文物，1977（8）
1225 臧嶸，《平巢事蹟考》爲茅元儀所著考——兼及茅元儀著作，文獻，1982
（1）

【解題】《平巢事蹟考》作者並非宋人，而是明人茅元儀，因曹溶、陸
烜以假亂眞導致誤會。

傳記類

1226　段亞利，《孔子編年》編纂考略，內蒙古農業大學學報，2012（1）

　　【解題】《孔子編年》的作者，史書記載有四種（胡存、胡舜俞、胡仔之父胡舜陟、胡仔），該文認爲從《孔子編年》內容來看，其《序》應該在成書之前就已完成，故《孔子編年》應該晚於「紹興八年壬子」所編，當由胡舜陟父子共同擬定年譜大綱，最後成書於胡仔。

1227　李偉敏，徐乾學《明史列傳》辨僞，文獻，2008（4）

　　【解題】《明史列傳》並非徐乾學所撰，至於該書確由何人所撰，爲何與萬斯同《明史》、王鴻緒《明史稿》存在如此之多相同或基本相同的諸臣傳，又是如何由坊間流傳至今等問題，尚有待深入挖掘史料作進一步的考證。

載紀類

越絕書

1228　陳橋驛，關於《越絕書》及其作者，杭州大學學報，1979（4）

　　【解題】贊同余嘉錫關於《越絕書》爲「戰國後人所爲，漢人附益」之論。

1229　黃葦，關於《越絕書》，復旦學報，1983（4）

　　【解題】《越絕書》草創與先秦，充實於秦漢，成於東漢。

1230　徐奇堂，關於《越絕書》的作者、成書年代及其篇卷問題，廣州師院學報，1990（2）

　　【解題】《越絕書》絕非成於一人之手，也非爲戰國時所作，它實際上是由東漢初年會稽人袁康將他以前古籍中所載有關吳越史實的篇段收集、編纂並加以補充而成；到東漢末年，會稽人吳平又對其文字進行了一番加工潤色的工夫；稍後，又有無名氏對是書加以附益，並在此書首尾各置一篇序、跋，對書名及作者加以解釋和說明，並對是書的主旨加以發微，最終才形成《越絕書》內經八、外傳十七，共十六卷、二十五篇的面目。

1231　晁岳佩，也談《越絕書》的作者及成書年代，山東師大學報，1991（5）

　　【解題】今本《越絕書》的作者及成書年代問題應分爲兩部分，袁康在

兩漢之際著成原《越絕》即今本內篇，吳平又在東漢初年輯成外篇，形成今本《越絕書》。此外，作者還對比了同為吳越史著作的《吳越春秋》和《越絕書》，從在內容上看，今本《越絕書》的內外篇，基本上全部見於《吳越春秋》，凡僅見於二書者，文字完全相同；又見於前人著作者，《吳越春秋》往往同於原書，而《越絕書》則多有改寫痕跡，《吳越春秋》又明顯多出許多篇章；從體例上看，《越絕書》雖有內經外傳之別，其實只是在原《越絕》和輯錄作品之間的劃分，與內容無關，各篇相互獨立，在時間和空間上都缺乏必然聯繫，只是一連串歷史故事的並聯；《吳越春秋》在時間上分別以兩國君主的在位時間系統紀年，把各種本無確切紀年的歷史故事分別繫於某君某年，儘管排列未必可信，但在體例上卻體現為系統的編年體史書，在空間上內吳外越，絕無錯雜，又是典型的吳越國別史；《吳越春秋》在內容和體例方面都明顯優於《越絕書》。

1232　劉雪河，對《關於〈越絕書〉的作者、成書年代及其篇卷問題》一文的異議，九江師專學報，1995（2）

　　【解題】戰國時期就已有《越絕》一書的存在，是記述越王句踐統治時期的事蹟，而《越絕書》是在此基礎上，將所記史事續至建武 28 年。漢代以前的史籍中之所以沒有關於《越絕書》的記載，是因為《越絕》是小作品，加上吳越獨處東南一隅，當時簡牘書寫不便，書籍傳抄困難，故不能流佈於世，獨存於吳越少數人之手，自然不見史載。直到東漢，會稽人袁康、吳平二人對《越絕》修訂增補而成《越絕書》之後，才流傳開來。從體例形式上看，在《越絕書》前亦當有《越絕》存在，戰國秦漢時期，一書分為內外篇者頗多，內篇多是前人所作，外篇則是後人附益仿作，《越絕書》也不例外；從文字上看，內傳諸篇文字深奧難懂，且云之事大多為道家、陰陽五行家治國之術，外傳諸篇則採取問答和駁辯形式，文字通俗易懂，內、外諸篇顯然是不同時期作品，內篇為《越絕》之原有篇目，外篇為袁、吳二人所作。

1233　李步嘉，《越絕書》研究，上海：上海古籍出版社，2003

　　【解題】該書第五章「《越絕書》的成書時代與作者」認為，《越絕書》成書當在東漢之末袁術進據淮南以後，稱帝之前；《越絕書》增補改編當在孫吳統治時期，今本《德序》篇為該書敘錄。其書已較前書有所增加，除了原有的內篇以外，或增加了不少外篇的內容；西晉初年《越絕書》又進行了一

次全面調整，主要是淘汰累贅文辭，與完成今本大部分篇目的最後編訂，其人爲吳國入晉之逸民。

1234　張仲清，《越絕書》作者考辨，紹興文理學院學報，2005（4）

【解題】《篇敍外傳記》末段的隱語文字可能是宋代以後文人所加，《越絕書》「成非一人」。

1235　王志邦，《越絕書》再認識，中國地方志，2005（12）

【解題】《越絕書》非一人之作，是在東漢初年郡國之書編纂之風興起的歷史背景下編輯成冊的，是郡書的一種，是方志源流之一。它的問世，還與當時儒生「尊古卑今」歷史社會觀有關。

1236　倉修良，《越絕書》江浙兩省共有的文化遺產——兼論《越絕書》的成書年代、作者及性質，江蘇地方志，2006（4）

1237　賀雙非，《越絕書》的作者、版本及價值，圖書館，2008（4）

【解題】《越絕書》是一本地方志史書，並非一時一人所著。

1238　劉暢，《越絕書》書名與著者問題研究綜述，安徽文學，2010（7）

【解題】討論了《越絕書》的「絕」字有「斷滅不繼」、「絕筆獲麟之絕」兩說；作者有「子貢說」、「伍子胥說」、「袁康、吳平說」、「成非一人說」四說。

1239　謝峰梅，《越絕書》版本、作者研究狀況述略，宜賓學院學報，2011（1）

1240　王鐵，《越絕書》末篇末章釋讀——論《越絕書》的編者與成書年代，古籍整理研究學刊，2012（6）

【解題】袁康、吳平確有其人，他們生活於兩漢之際。吳平是袁康的學生，死於袁康之前，更始年間就已去世。袁、吳二人把前人傳下來的《越絕書》及相關資料加以搜輯整理，成爲定本。文字工作，即所謂「文屬辭定」，是由吳平承擔，吳平是此書的主要撰定者，這一工作，從時間上推算，應完成於莽新末年至更始初年，即吳平去世前，所以全書基本不避漢諱，偶有避諱，如多數用「邦」而偶然用「國」，也是抄錄舊文獻時回改未盡。《篇敍外傳記》中這節文字是袁康在吳平去世後不久所撰。書中內容，此後還有零星的增補和附益，應是出於袁康或後人之手。此外，作者還提出了一點推論：袁康、吳平是《春秋》學家，從其書中多引《公羊傳》，可知袁康、吳平是《公羊》學家。今按：此說難以成立。

1241 喬治忠，《越絕書》成書年代與作者問題的重新考辨，學術月刊，2013
（11）

【解題】《越絕書》撰於《吳越春秋》之後，起因是試圖抵消《吳越春秋》貶抑越王句踐的影響。在此認識的基礎上，確切解讀《越絕書·篇敍外傳記》的隱語和文義，可辨明作者是袁康、吳平相繼牽頭的一個群體，成員爲會稽當地懷有鄉土情結的人士。吳平「年加申酉，懷道而終」，透露出他乃臥病、逝世於漢安帝庚申、辛酉兩年，此間編纂工作大體完成。其弟子繼而於一、二年間撰成《篇敍外傳記》，全書告竣。

1242 趙雅麗，《越絕書》材料來源考略，齊齊哈爾大學學報，2014（5）

【解題】《越絕書》非一人所做，乃由多人編寫而成，其材料有的來源於《史記》、《國語》和《左傳》中的相關內容，有沿襲前史和踵事增華兩種形式；有的前史中未著錄，帶有想像虛構的色彩。

吳越春秋

1243 曹林娣，關於《吳越春秋》的作者及成書年代，西北大學學報，1982
（4）

【解題】今傳本《吳越春秋》始作者爲東漢趙曄，曾經楊方刊削，皇甫遵則斟酌乎曄、方之間，重新作了編定，今本已非曄書完帙。

1244 梁宗華，論《吳越春秋》的作者和成書年代，蘇州大學學報，1999（3）

【解題】趙曄主要生活於東漢前期，約爲公元35～90年間，《吳越春秋》成書於趙曄晚年。趙曄著史透顯著東漢前期的時代風尚，而其今文經師身份則是造成《吳越春秋》非信史特徵的重要因素。

1245 賀雙非，《吳越春秋》的作者版本及價值，圖書與情報，2004（2）

【解題】《吳越春秋》爲趙曄作，雖大部分抄自古代史書，但也有不少內容是作者搜集的民間傳說與遺聞逸事，能補正史記載之不足。

十六國春秋

1246 李永明，屠本《十六國春秋》史源研究，貴州師範大學學報，1989（3）
1247 邱敏，《十六國春秋》史料來源述考，西北第二民族學院學報，1991（1）
1248 馮君實，屠本《十六國春秋》史料探源，古籍整理研究學刊，1992（1）

【解題】通過考察，認爲屠本之書的基本史料不出常見史書，雖有錯誤但仍有很高史料價值。

1249　呂丹丹，屠本《十六國春秋》（前、後趙）史料探源，東北師範大學碩士論文，2008

1250　婁冬梅，屠本《十六國春秋》史料探源（後秦、夏及成漢），東北師範大學碩士論文，2008

1251　郭娜，屠本《十六國春秋》（前秦）史料探源，東北師範大學碩士論文，2008

1252　湯勤福，關於屠本《十六國春秋》眞僞的若干問題，求是學刊，2010（1）

【解題】屠本《十六國春秋》是依據殘本、大量搜集相關史料而成的輯補本，不是杜撰的僞書。判斷崔書是否亡佚有三個重要的標準，一是歷代書目是否載錄，二是歷代著作徵引情況，三是屠本與其他著述內容異同比較中找出證明殘本存在的根據。崔鴻《十六國春秋》可能亡佚於明末清初，並未亡於北宋，直至明代中期仍然沒有亡佚，現可找出其流傳的基本線索，屠氏正是利用此殘本輯補成書的。就屠本內容分析，其中部分內容未見其他典籍保存，這是殘本保存至明中期，並是屠氏使用殘本輯補的明證。

1253　高然，屠本《十六國春秋》「四燕錄」史料探源，古籍整理研究學刊，2013（3）

【解題】屠本《十六國春秋》基本出自《晉書》、《資治通鑒》、《太平御覽》、《魏書》、《北史》、《水經注》、《古今刀劍錄》、《初學記》、《小名錄》、《北堂書鈔》等書，所涉史籍近二十種。通過屠本「四燕錄」與其他史籍對讀，可知屠本是一部內容有據的史書，而且它將紛繁的史籍、史料集爲一書，爲學者們研究「四燕」史乃至十六國史提供了極大方便。

地理類

山海經

1254　何定生，《山海經》成書之年代，國立中山大學語言歷史學研究所週刊（第二集），1928（20）

1255 顧頡剛，論《山海經》書，國立中山大學語言歷史學研究所週刊（第二集），1928（21）

1256 何觀洲，《山海經》在科學上之批判及作者之時代考，燕京學報，1930（7）

1257 蒙文通，略論《山海經》的寫作時代及其產生地域，中華文史論叢，1962（1）
【解題】《大荒經》以下五篇約作於西周前期，或爲巴國作品；《海內經》四篇在西周中葉，或爲古蜀國作品；《五藏山經》和《海外經》四篇爲春秋戰國之交作品，或爲接受巴蜀文化的楚國作品。

1258 袁珂，《山海經》寫作的時地及篇目考，中華文史論叢（第7輯），1978
【解題】《大荒經》四篇和《海內經》一篇成於戰國初期或中期；《五藏山經》和《海外經》四篇是戰國中期作品；《海內經》四篇成於漢初《淮南子》成書以前；作者都是楚人，即楚國或楚地之人。《五藏山經》和《海外經》原是一部著作的兩個部分，而《海內經》則是模仿《海外經》而成，劉秀把這兩部書取來合爲一書，故於一部書校完以後標一校進款識，《大荒經》以下五篇是劉秀校書以後加進去的，因而沒有這種款識。

1259 袁行霈，《山海經》初探，中華文史論叢，1979（3）
【解題】《山海經》原爲巫覡方士之書，它是綜合了各地的材料和傳說寫成的；可能出自黃帝、炎帝二族，二族本來都發祥於西北，後來佔據了中原河洛一帶，故論地則河洛爲中、爲詳，敘事卻仍保留了許多早在西北時的材料；這些材料由於長期口耳相傳，神話色彩愈來愈重，距離真實也愈來愈遠。《五藏山經》五篇是《山海經》中最早寫定的部分，時代大概在戰國初期或中期；秦漢之際又附益《海外經》和《海內經》共八篇（其中包括今傳《大荒經》以下部分）；漢成帝時尹成將《山經》五篇，《海外經》和《海內經》八篇校定爲《山海經》十三篇；哀帝時劉秀另據三十二篇本重行校定、刪汰，改編爲十八篇，被他刪去的部分仍以別本流傳，稱《大荒經》和《海內經》；晉郭璞注《山海經》時，又將它們收入一併注釋，這就是今傳《山海經》的祖本。

1260 呂子方，讀《山海經》雜記，中國科學技術史論文集，成都：四川人民出版社，1984

1261　孫致中，《山海經》的作者及著作時代，貴州文史叢刊，1986（1）

1262　李行之，《山海經》作者考，求索，1989（6）

1263　沈海波，論《山海圖》產生的時代，上海大學學報，2002（1）

　　【解題】《山海圖》的創作時代當在春秋中晚期，而《海經》的寫作時代則在戰國。《山海經》的文字只是《山海圖》的衍生物，所以從研究《山海經》的文字開始，進而研究《山海圖》，才是我們研究這部古籍的最終目的。

1264　張步天，20 世紀《山海經》作者和成書經過的討論，益陽師專學報，2001（1）

1265　唐世貴，《山海經》作者及時地再探討，江漢大學學報，2003（5）；宜賓學院學報，2003（6）

　　【解題】從考古學、語言學、文獻學角度對《山海經》的比較分析中，論證了其作者應是定居巴蜀的楚國貴族後裔，其成書於戰國中期，秦漢時代又有穿鑿附會。

1266　周廣曾、周軍，也談《山海經》的成書，九江師專學報，2004（2）

1267　安京，《山海經》與《逸周書‧王會篇》比較研究，中國邊疆史地研究，2004（4）

　　【解題】《山海經》（特別是《海經》），主要從《王會篇》採集素材，但也從其他文獻中採集素材，從而合成了新的著作；《山海經》是以隱晦的方式曲折地反映了《王會篇》的內容，否則就沒有必要揭示其本來面目了，因而兩篇著作的同時存世，是完全可以理解的。

1268　金榮權，《山海經》作者應為巴蜀人，貴州社會科學，2004（6）

　　【解題】《山海經》一書，當為春秋戰國之際生活在北方、或深受中原文化影響的巴蜀人所作。其理由主要是：作者將西南地域作為後世主要文化集團的發源之地，帝俊、伏羲、顓頊、夏后啓、炎帝、祝融都與巴蜀之地有深厚的淵源關係；《山海經》極力突出巴蜀地區文化地理的中心位置，具有明顯的重西南的傾向；有意將西南納入華夏中心地帶，並且稱之為天地之中；西南是《山海經》作者眼中的長生之地和快樂之鄉。此外，作者對西南地區的風土民情、神話傳說、遠古部族、奇人異物描述尤詳。

1269　楊興華，從原始宗教意識看《山海經》作者的楚人身份，衡陽師範學

院學報，2005（2）

【解題】從宗教文化環境、整理典籍的文化能力，特別是《山海經》中表現出來的戰國時楚人特有的崇日、崇鳳、尊帝俊等原始宗教意識看，《山海經》雖非一人一時之作，但當爲楚人整理成書。

1270　唐世貴，《山海經》成書時地及作者新探，成都理工大學學報，2006（1）；遼寧師範大學學報，2006（4）

【解題】《山海經》巴蜀圖語本成書於西周前期、戰國初中期，華文本《山海經》由定居蜀地的楚國貴族後裔綜合圖語本、口頭流傳，再加入楚地神話以及中原、海外歷史地理知識編寫而成。

1271　丁振宗，《山海經》地貌應屬的年代，福建師大福清分校學報，2006（3）

【解題】雖然《山海經》記載的地理狀況與中國現代的地貌相差很遠，但從地質學的角度去考慮，它並非錯誤的地理記錄。按照經文裏所提供的數據，把東海、西海和北海的相對位置計算出，並與遠古各年代的亞洲地貌比較，發現此經所記載的狀況，符合印支運動與燕山運動之間，尤其是晚侏羅世時的亞洲地貌；經文裏的西海該是特提斯海，而北海應該是覆蓋了從貝加爾湖至北冰洋整個地區的北方海。作者希望地理學家們能謹嚴看待這研究結果，並對《山海經》重新評估及作進一步的研究。

1272　李川，《山海經·荒經》成書問題讞論，中國社會科學院研究生院學報，2009（1）

【解題】《荒經》以下五篇是否在《漢書·藝文志》所載《山海經》13篇之內，向是研治此書的學者聚訟紛紜的焦點。該文從五個角度可以證明《荒經》不在《漢書·藝文志》所記13篇之列，而其資料應是來源於遠古，宋人依據王室文獻裒集整理而成。

1273　沈海波，論《山海經》的篇目問題，福建師大福清分校學報，2010（4）

【解題】《山海經》的篇目問題頗爲複雜，歷代著錄多有不同，自清代開始，學者們爲此聚訟不已。該文對古本32篇的問題、13篇和18篇的問題、《大荒經》以下逸在外的問題進行了考證。

1274　王永，《山海經》的性質與成書，貴州大學學報，2012（6）

【解題】《山海經》是一部先有圖冊，後有文字的著作，商周時代的職

方氏是《山海經圖冊》最早的繪製者，訓方氏則是《山海經》釋圖性文字的最早著作者。從最初的來源、作用乃至具體的文字結構上看，《山海經》應該是一部由宮廷傳播開來的具有地理性質的釋圖類著作。《山海經》經歷了一個漫長的成書過程，它大致屬於先秦古籍。《山海經》所載大多為先秦時期人們所熟知的歷史掌故或對天下地理的普遍認識，其中多有對於出鐵之山的記載，同時充斥著大量的神仙方術、長生不死等思想，是知《山海經》既非成書於夏代，也非秦漢以後的著作，其大致當是產生於商周至於春秋、戰國時代。

1275　萬群，從漢語史角度看《山海經》的成書年代，中國典籍與文化，2013（2）

　　【解題】通過全面考察《山海經》中的基本詞彙、語法特點，根據有斷代價值的語言現象在漢語史中所屬的歷時點，認爲《山經》成書年代最早，在戰國中晚期，處於《墨子》至《呂氏春秋》成書之間；《海經》成書在戰國末秦漢初，在《荀子》成書之後，《淮南子》成書之前；《荒經》成書也在戰國末秦漢初，與《韓非子》成書時間接近。

1276　唐志輝，從東周秦漢典籍引用看《山海經》的成書，蘭臺世界，2014（8）

　　【解題】從《楚辭》、《呂氏春秋》、《淮南子》等早期典籍涉及《山海經》的內容和引用程度推論出《山海經》成書的過程，認爲《山經》與《荒經》成書於《呂氏春秋》之前，而《海內四經》、《海外四經》成書於《呂氏春秋》之後，《淮南子》之前。

其他

1277　何清谷，《三輔黃圖》的成書及其版本，文博，1990（2）

1278　楊世燦，楊守敬《水經注疏》稿本辨僞，宜昌師專學報，1995（4）

　　【解題】對《水經注疏》諸稿本之源流及關係進行了清理，並在此基礎上以大量事實證明「李子魁補疏本」係僞本，從而澄清酈學研究中所謂「謄清正本」之訛。

1279　謝元魯，《歲華紀麗譜》《箋紙譜》《蜀錦譜》作者考，中華文化論壇，2005（2）

　　【解題】根據內容、文字及官職、政區沿革來分析，認爲《歲華紀麗譜》、

《箋紙譜》和《蜀錦譜》三本書應是宋代文獻，不可能是元代費著的作品；其直接出處可能來自編纂於南宋王剛中的《續成都古今集記》和袁說友的慶元《成都志》，而其間接文獻來源可能上承北宋趙抃的《成都古今集記》。

1280　郭聲波，《歷代地理指掌圖》作者之爭及我見，四川大學學報，2011（3）

【解題】從文風、內容、版本等方面進行全面考察，進一步肯定了《歷代地理指掌圖》舊題蘇軾爲僞託說；作者還從四川地方文獻中找到一些材料，證明眞正作者是北宋巴縣人稅安禮。

1281　胡玉冰，寧夏（民國）《豫旺縣志》辨僞，北京民族大學學報，2013（2）

【解題】傳世的 1925 年朱恩昭修纂 6 卷本《豫旺縣志》是抄撮之作，編纂者直接把（民國）《朔方道志》中與同心縣前身鎮戎縣有關的內容抄撮出來，參考《朔方道志》的體例，再雜以（光緒）《平遠縣志》的部分內容，彙集爲一編，取名《豫旺縣志》行世。

1282　韓中慧，舊志辨僞方法論——以甘肅、寧夏舊志爲中心，中國地方志，2018（4）

【解題】在對舊志進行整理與研究時，有時需要對其眞僞進行辨明。可以說，辨僞是舊志整理過程不可或缺的環節。舊志在編纂和流傳過程中，會形成部分僞志。僞志現象主要分爲兩大類：一類是舊志原書作僞，一類是舊志影印本作僞。前者係舊志編纂者所爲，後者則係舊志出版者所爲，兩者的作僞動機、作僞手法不同。甘肅、寧夏兩地個別舊志的作僞情況在一定程度上具有代表性。舊志辨僞，需要以傳統辨僞學理論與方法爲基礎，再結合舊志自身的編纂體例，從古今目錄著錄的對比再到序跋、內容、體例等方面進行考察，揭示出作僞痕跡，並合理認識僞志的文獻價值，以期爲全國其他各省、自治區、直轄市舊志整理者提供思路和經驗。

政書類

1283　汪慶紅，《元豐官志》「州縣官額」辨僞，杭州文博，2015（1）

【解題】從《元豐官志》抄本文字表述和內容載錄分析，認爲該抄本「州縣官額」部分併非原本之組成部分，而實爲後人所添附，其文字全部來自《文獻通考》「職官考」或《宋史》「職官志」，並且文字錯訛百出，對宋代官制研

究產生了較爲嚴重的誤導。因此，《元豐官志》「州縣官額」部分不應成爲宋代地方官制研究的史料依據。

目錄類

書目答問

1284　陳垣，《藝風年譜》與《書目答問》，圖書季刊，1936（1～2）

　　【解題】《書目答問》爲張之洞自撰，繆荃孫僅是對《書目答問》作了訂補。

1285　甘孺，《〈藝風年譜〉與〈書目答問〉》一文的補充，史學集刊，1984（1）

　　【解題】對陳垣之文進行補充，指明張之洞將《書目答問》刊本再次請繆荃孫訂正之事。

1286　盧中岳，《書目答問》作者問題討論綜述，廣東圖書館學刊，1985（4）

　　【解題】《書目答問》是一部頗有影響的目錄著作，其作者卻是近代學術界的一樁公案：一說爲張之洞自撰（或張之洞自撰，繆荃孫助理）；一說爲繆荃孫代作；一說依據書坊舊本而成。該文對歷年來的討論作了綜述，認爲《書目答問》雖是一部目錄書，但同樣反映著作者的政治思想學術觀點，結合當時的社會歷史條件，與作者的整個政治思想學術觀點聯繫起來考察，作者當爲張之洞。

其他

1287　劉建臻，《里堂書品》辨僞，文獻，2006（1）

　　【解題】《里堂書品》一書既不見於焦循的記述，題爲「廷琥手錄」卻又不是焦廷琥筆跡，所載文章旨趣也遠離於焦循的學術思想，加上多載焦循身後之事，當是一部託名焦循的僞書。至於由何人據何書僞託，則有待進一步的考訂。

1288　司馬朝軍，《里堂書品》眞僞考，學鑒（第5輯），2012

　　【解題】《里堂書品》中的 123 篇完全襲自《四庫全書總目》，《里堂書品》的這一部分原是《四庫全書總目》的早期節抄本，其最大的特點就是改變了原書的體例，由提要體變成了隨筆體。即使它不是眞出焦循之手，其時

代也比較早，因而其價值也不能完全否定。

1289　王媛，北京師範大學圖書館藏《歷代經籍考》辨僞，圖書館雜誌，2012
　　　（11）

　　【解題】北師大圖書館藏明正德十三年劉氏愼獨齋刻明王璡撰《歷代經籍考》二十四卷乃取明正德刊《文獻通考・經籍考》殘本重加編纂，並篡改題名、作者、校閱者信息而成，屬於版本造僞。

子　部

儒家類

荀子

1290　錢穆，《荀子》篇節考，求是學社社刊，1928（1）

1291　張西堂，《荀子》眞偽考，史學集刊，1937（3）；臺北：明文書局股份
　　　有限公司，1994

1292　張西堂，《荀子・勸學篇》冤詞，古史辨（第六冊），上海：開明書店，
　　　1938

1293　楊筠如，關於《荀子》本書的考證，古史辨（第六冊），上海：開明書
　　　店，1938

1294　龍宇純，《荀子》眞偽問題，荀子論集，臺北：學生書局，1987

1295　廖名春，《荀子》各篇寫作年代考，吉林大學社會科學學報，1994

　　　【解題】該文將荀子著作分爲三個時期，一是公元前 286 年遊學於齊前
的作品，可考定的只有《不苟》篇；二是公元前 279 年以後至公元前 255 年
以前荀子在稷下的作品，它們是《王霸》、《王制》、《正論》、《天論》、《勸學》、
《修身》，還可加上《解蔽》、《榮辱》、《正名》、《性惡》、《禮論》、《樂論》；
三是荀子公元前 255 年以後居於蘭陵時的作品，它們是《非相》、《臣道》、《君
道》、《非十二子》、《成相》、《賦》，還可加上《富國》、《致士》、《君子》。《議
兵》、《彊國》、《儒效》反映的都是荀子公元前 255 年以前之事；《大略》反映
的事則各個時期都有；《仲尼》篇的前半篇反映的可能是荀子在稷下時的思

想，後半篇反映的可能是其在蘭陵時的思想。

1296　張小平，《荀子・賦篇》的眞偽問題及研究，江淮論壇，1996（6）

　　【解題】《賦篇》的民間「隱語」特點以及各篇相對獨立的雜湊性質，顯示了它可能出自眾多的民間無名氏之手。到了漢初，有人把它雜湊而成，託名荀子以行世，所以劉向收入「書錄」。也許出於對作者歸屬問題的疑慮，劉向置《賦篇》於「書錄」之末座，以暗示其取捨態度。

1297　鄭良樹，《荀子・非十二子》「子思、孟軻」條非附益辨，諸子著作年
　　　　代考，北京：北京圖書館出版社，2001

　　【解題】推翻王應麟等人的說法，《非十二子》的確將子思及孟軻並列於其他十子，而加以批評；後代學者爲儒家諱而作的解說，皆一廂情願，並非事實。

1298　張小蘋，《成相篇》非荀作考，浙江社會科學，2011（5）

　　【解題】《成相篇》提及春申君之死（前238），但《荀子》其他各篇所記歷史事件大致起於齊匡章伐燕（前314），而終於邯鄲解圍（前257）；荀子激烈抨擊禪讓說，而《成相篇》卻積極稱許禪讓說；荀子激烈批判墨學，而《成相篇》卻極其贊許兼愛說。《成相篇》應該是荀卿弟子所作。

1299　王冉冉、張濤，《荀子・堯問》篇與《荀子》成書問題，理論學刊，2012
　　　　（6）

　　【解題】《堯問》的思想內容及其末章與《荀子》成書及眞偽問題關係密切，通過重新審視這些文字和梳理有關問題，可以發現《荀子》材料可靠、淵源有自，它們應是荀子引述過的材料，後被其弟子整理成篇並編入《荀子》書中。

1300　顏世安，荀子人性觀非「性惡」說辨，歷史研究，2013（6）

　　【解題】「性惡」說只見於今本《荀子・性惡》，其他各篇關於人性觀的論述或無「性惡」的內涵，或重在從正面肯定情慾。各篇偶而有近於性惡的說法，但不能代表荀子的基本人性觀。荀子政治思想的基礎不是性惡說，而是儒家傳統的性善意識及荀子正面肯定情慾的獨特觀點。《性惡》游離於各篇之外，不是荀子人性觀的最終總結，其目的在於確立一個與性善說相對立的異說，作者可能是荀子後學。

1301　周熾成，《非十二子》之非子思、孟軻出自荀子後學考，國學學刊，2014（3）

【解題】《非十二子》中之非子思、孟軻部分，不出自荀子本人之手，而是其後學之所爲。文字結構、字數、所示意義、後世的引用等，都可證明這一判斷。荀子本人並不反對孟子，而對孟子思想多有肯定和吸收。荀子學派和孟子學派對立之形成，是一個很長的歷史過程。不應忽視荀子後學對《荀子》一書的貢獻，應從動態的角度考察荀子學派和孟子學派的關係。

1302　廖名春，由《荀子》「僞」字義論其有關篇章的作者與時代，臨沂大學報，2015（6）

【解題】《荀子》三十二篇中，「僞」字共四十二見，其涵義有三：一是讀爲「爲」，義爲「行爲」的，有兩見。二是義爲「詐僞」的，共五見。三是具有理性之「人爲」義的，有三十五例。其中《性惡》篇最多，佔了二十七例；其餘《正論》篇有一例、《禮論》篇有五例、《正名》篇有兩例。這種具有理性之「人爲」義的「僞」，先秦秦漢文獻「前無古人，後無來者」，爲《荀子》書所特有，是荀子作品的區別性特質之一。以此來看，如果《性惡》篇不是荀子的作品，否定荀子「僞」有理性「人爲」義，那就得將《正論》《禮論》《正名》篇也排除出去。只要我們承認《正論》《禮論》《正名》篇爲荀子所作，也得承認《性惡》篇屬於荀子的作品。由此可見，那些以「莫須有」證據，否定《性惡》篇爲荀子所作的說法是完全不能成立的。

1303　牟琪，《荀子》疑僞篇考論，貴州大學碩士學位論文，2017

【解題】西漢劉向校訂《荀卿新書》，荀子作品集結成書。後經唐楊倞二次系統整理並改名爲《荀子》。由於史料有限，且文辭古奧，時至今日，《荀子》一書仍有諸多疑問需要解答。其中，關於《荀子》篇目的眞僞問題就一直被學界關注，且爭議不斷。如《荀子·賦篇》的《佹詩》與《韓非子·姦劫弒臣》部分內容同時出現於《戰國策·楚策四·客說春申君》，因此引發了學者對《客說春申君》中荀子書信的作者問題的爭論。通過對戰國時期客卿制度的社會背景與荀子生平行歷、荀子與學生韓非子的關係等方面的研究，以及探尋「客」「卿」二字在上古音與中古音的演變軌跡，可以推斷出荀子爲荀子書信的作者，並將之作爲判斷《荀子·賦篇》非僞篇的有力佐證。另外，有學者認爲《荀子·哀公篇》「東野駕車」的故事情節抄自《莊子·達生》。

通過考證該故事中的關鍵人物在相關文獻裏的聯繫後，可得出《荀子‧哀公篇》較《莊子‧達生》版本更爲眞實可靠的結論。此外，由於《荀子》中對《易》引用較少，而《荀子‧大略篇》作爲《荀子》爲數不多引用《易》的篇目之一，被很多學者認爲是僞作。從荀子和《易》的關係，《易》與《禮》的關係，以及《荀子‧大略篇》文本三方面入手分析，得出《荀子‧大略篇》爲荀子思想體系一部分的結論。通過探究涉及《荀子‧賦篇》《哀公篇》《大略篇》眞僞的問題，可以管窺《荀子》疑僞篇的研討狀況，並爲《荀子》相關問題的進一步研究打下基礎。

1304　廖名春，由《荀子》書「僞」、「綦」兩字的特殊用法論《荀子‧性惡》篇的眞僞，邯鄲學院學報，2017（1）

　　【解題】《荀子‧性惡》篇之「僞」字皆具理性人爲義，《荀子‧性惡》篇「綦」字又爲「極」之假借，這兩種現象是其他先秦秦漢文獻所沒有的，而僅見於《荀子》一書，當爲荀子作品的區別性特徵。由《荀子》書「僞」、「綦」兩字的這種特殊用法看，否定《性惡》篇爲荀子之作是沒有理由的，《性惡》篇當爲荀子的代表作。

1305　王澤春，《性惡》非荀子所作新證，中國哲學史，2018（2）

　　【解題】《性惡》中有四處「孟子曰」的引文，不見於《孟子》七篇，而屬於出現在司馬遷之後的《孟子外書》。由此可以説明《性惡》非荀子所作。

文中子

1306　丁景垚，文中子考及其學說，文科學刊，1928（2）

1307　汪吟龍，文中子考信錄，上海：商務印書館，1938

　　【解題】分「人考」和「書考」兩部分，收集材料最爲廣博，有堅實的文獻考證作基礎，結論也較公允。

1308　王立中，文中子眞僞匯考，上海：商務印書館，1934

　　【解題】承認有王通其人，但於其書所持態度與《四庫提要》同。

1309　王丹岑，文中子人與書之研究，安徽政治，1944（5）

1310　王叔岷，書文中子中說後，說文報，1946，9，2 第 3 版；收入《慕廬論學集》（一），中華書局，2007 年版，第 499～505 頁

1311　陳成眞，文中子新考，大陸雜誌，1968（1）

1312　劉巧玲，文中子《中說》考述，輔仁大學中史所碩士學位論文，1972

1313　王冀民、王素，文中子辨，文史，1983（20）

　　【解題】根據大量有關王通的史料加以考察，認爲所摘錄的王通行事，除《新唐書》與《資治通鑒》外，都出於北宋以前人手，班班可考；謂文中子並無其人乃謬誤，然謂皆可信亦不可。今按：王氏父子爲王通之後裔。

1314　尹協理、魏明，王通論，北京：中國社會科學出版社，1984

　　【解題】全面剖析王通其人其書的各個側面，以詳實的材料論證王通其人的眞實性，《中說》基本代表王通的思想。開篇爲「王通與《中說》眞僞考辨」，辯證頗見功力。

1315　段熙仲，王通王凝資料正僞，文史，1986（27）

1316　駱建人，文中子研究，臺北：（臺灣）商務印書館，1989

　　【解題】偏重於文獻方面的研究，於版本的搜集較爲全面，考證時所用原始材料較多。

1317　鄧小軍，唐代文學的文化精神，臺北：文津出版社，1993

　　【解題】第一章用大量的篇幅來研究文中子。

1318　張新民，文中子事蹟考辨，文獻，1995（2）

　　【解題】考察文中子籍貫爲龍門，生於開皇四年，卒於大業十三年；並述其拒仕、講學、門人等。

1319　陳啓智，王通生平著述考，東嶽論叢，1996（6）

　　【解題】《文中子》「所記王通議論行跡，並非模擬聖人言動的僞作，除個別傳抄訛誤外，基本上是眞實可信的。」隋唐盛行經學，而王通之學乃子學，故「不爲諸儒稱道」。迄至中晚唐，疑經之風起，子學漸興，於是《文中子》亦受到重視；其實《文中子》在漸被儒者接受的同時，亦長期受到責備。

1320　徐朔方，王通門人辨疑，浙江大學學報，1999（4）

　　【解題】從三個部分對歷來眾說紛紜的王通門人問題作了考辨，認爲：史載王通門人可分爲正式入門弟子、受教於王通但未正式入門也可以弟子視者及曾偶或就教或請益於王通者三類；《中說》非阮逸作，《中說》自有其失，

但其中也有不少論者以為其誤而實未必誤之處；杜淹《文中子世家》為文不富，時有闕失，但若因此文不周而疑及王通及《中說》，斯亦過矣。

1321　党治國，埋沒的思想——讀一讀文中子王通，隨筆，2001（2）
　　【解題】以雜感的形式闡述了王通思想的超前性及其身後不顯的內在原因。

1322　李小成，文中子考論，西北師範大學博士學位論文，2005；上海：上海古籍出版社，2008
　　【解題】主要針對文中子研究中幾個疑點作以考辨和論述。首先，以文獻著錄為切入點，時段上選取距文中子生活時代較近的唐宋時期文獻，通過文中子弟子、家人及學者們對其人其書的著錄與評論，在一種客觀的描述中來反映文中子人與書的真實性。其次，從書目文獻對文中子其書的記載，可以看出《中說》及《元經》的文獻學價值。

1323　羅維明，王通及其《文中子》辨析，台州學院學報，2006（1）
　　【解題】在歷代有關《文中子》研究的基礎上，從王通其人其書兩個側面對其真偽問題進行辨正，認為唐人基本肯定，宋以來兩種對立的觀點相持不下；20世紀80年代以來，眾多學者對否定者進行了否定之否定；經過漫長的探討，終於有了答案，王通實有其人，《文中子》一書大體可信。

1324　王素，文中子辨，漢唐歷史與出土文獻，北京：故宮出版社，2011
　　【解題】《文中子》為王通門人子弟記其言行之作，中多附益，可信者半。

1325　鄧小軍，沁州出土薛收《文中子碣銘》刻石考元好問詩所述，中國文化，2012（1）

1326　黃清發，王通生平著述新證——以新出《王勣墓誌》為中心，晉陽學刊，2012（3）
　　【解題】據新出《王勣墓誌》可知王通確曾官蜀郡司戶書佐一職，此前不載此事乃有意之隱瞞，其目的是為了刻畫王通的隱士形象；同時可知王通確曾撰《元經》並親自整理，今存本有後人增附篡改之處，但恐不能完全疑偽。

孔子家語

1327　胡樸安，孔子家語證僞及孔子家語疏證，國學週刊，1924（39）

1328　張綿周，《孔子家語》序，孔子家語，鄭州：中州古籍出版社，1991

1329　張固也，《孔子家語》補校，金景芳九五華誕紀念文集，長春：吉林文史出版社，1996

1330　王連生，從《孔子家語》看孔子思想價值的嬗變，遼寧師大學報，1997

1331　王承略，論《孔子家語》的眞僞及其文獻價值，文獻學研究的回顧與展望，臺北：學生書局，2002
　　【解題】王肅注本爲對劉向校本的「增加」，但並非所有「增加」都出王肅手；且王肅篡改範圍不大，今本《家語》尚保持劉向校本原貌，不可完全視爲僞書而否定。

1332　李傳軍，《孔子家語》辨疑，孔子研究，2004（2）
　　【解題】利用考古資料，通過對文獻的梳理和對勘，對《孔子家語》的文獻來源、成書年代和學術價值進行考察和分析，認爲《孔子家語》爲王肅所編撰的傳統觀點是可信的。

1333　廖名春、張岩，從上博簡《民之父母》「五至」說論《孔子家語・論禮》的眞僞，湖南大學學報，2005（5）
　　【解題】從「五至」說的比較來看，認爲《孔子家語・論禮》「子夏侍坐於孔子」章與《禮記・孔子閒居》及楚簡《民之父母》所據祖本不同，《論禮》所記更眞實，更符合原意，並非抄襲《禮記》而來。

1334　楊朝明，讀《孔子家語》箚記，文史哲，2006（4）
　　【解題】《孔子家語》與包括《禮記》、《大戴禮記》在內的傳世文獻以及新出土文獻都有相同或相通之處，細心將《家語》與之比較，不難發現它的確應該是孔子弟子記錄的彙編，其基本的、主要的內容還應當是原始面貌的保留。

1335　張固也、趙燦良，《孔子家語》分卷變遷考，孔子研究，2008（2）
　　【解題】從分析敦煌本《家語》殘卷的分卷方法入手，對漢唐時期《家語》分卷變遷作出合理的解釋，證明今本確係源自孔安國所編27卷本，不過經過六朝、唐代的兩次卷目合併，決非王肅重編的僞書。

1336 張固也，西漢孔子世系與孔壁古文之眞僞，史學集刊，2008（2）

【解題】考察西漢孔子世系，認爲《孔子家語》孔衍序較爲可信，且序文中關於孔安國生平的記錄也是較爲可信的。

1337 寧鎭疆，讀阜陽雙古堆一號木牘與《孔子家語》相關章題餘箚，中國典籍與文化，2008（2）

【解題】阜陽雙古堆漢墓木牘章題雖然有些與今本《家語》可以對應，但實際上它們與《說苑》更爲接近，而《家語》則存在不少重組、改動痕跡。《家語》由於在材料來源上與《說苑》等書接近，故其中孔子言論往往出於依託，並非盡是實錄。今本《家語》確是經孔安國整理才成書，並非王肅向壁虛造。《漢志》二十七卷本係民間所傳，與經孔安國整理定型的今本《家語》屬不同版本。從出土文獻看，早期《家語》在篇章形態上應該與今本《家語》有明顯差異。

1338 寧鎭疆，「層累」非「作僞」——再論今本《孔子家語》的性質，學術界，2009（5）

【解題】將今本《孔子家語》與出土簡牘及傳世文獻比較，發現《家語》的章句結構組織是經「歷時性」的梯次推進形成的，因此完全可以借用「層累」作爲解釋模型。有證據表明，這樣的「層累」是出於有意識的「整理」，但這不等於「作僞」。《家語》雖有比較早的材料來源，但其中孔門師生言論並非盡出實錄。誇大《家語》一書在研究先秦史事特別是孔門師生言論、行事中的地位，是有欠妥當的。

1339 楊朝明、魏瑋，《孔子家語》「層累」形成說考辨，古籍整理研究學刊，2009（01）

【解題】在學術界逐漸摒棄《孔子家語》「僞書」說的同時，仍有學者認爲《家語》是由《說苑》等文獻經孔安國等人之手「層累」而造成的。作者認爲，通過對比分析《說苑》與《家語》兩者互見的材料，將有助於我們對該問題的再認識；但此類研究方法也混淆了後人主觀作僞與客觀整理之間的區別。

1340 張固也、趙燦良，從《孔子家語·後序》看其成書過程，魯東大學學報，2009（5）

【解題】《孔子家語》所附兩篇後序都是可信的，今本《家語》前四十篇相當於孔安國所說「呂氏之所傳」，後四篇相當於「諸國事、七十二弟子之言」，這四篇原來不在《家語》之內。《家語》確爲先秦流傳下來而由孔安國最後編定的古書，所謂王肅僞作的說法和時下比較流行的「漢魏孔氏家學的產物」之類說法都是不正確的。

1341　喬建鋒，《孔子家語·致思》篇分章考信，曲阜師範大學碩士學位論文，2009

1342　楊朝明，《孔子家語》通解，濟南：齊魯書社，2009

1343　巫雪如，《民之父母》、《孔子閒居》及《論禮》若干異文的語言分析——兼論《孔子家語》的成書問題，漢學研究，2010（4）

1344　湯海鵬，《孔子家語》詞彙語法現象專題研究——試從詞彙、語法角度探討《孔子家語》語言的時代特徵，曲阜師範大學碩士學位論文，2011

1345　王化平，由《孔子家語》與《禮記》、《說苑》諸書的關係看其價值，古籍整理研究學刊，2011（1）

【解題】分析了《家語》與《禮記》等典籍的三段異文，認爲《家語》的某些篇章確實要比其他典籍文從字順，雖然難以判斷《家語》與《禮記》諸書的時間關係，但可以肯定書中的有些篇章存在明顯的割裂、拼合現象。與《禮記》等書相比，它在整理過程中的主觀性改動更多，這使它的整體價值不太可能高於《禮記》等書。

1346　馬振方，《孔子家語》《孔叢子》之小說考辨，文藝研究，2011（3）

【解題】《家語》大批章節抄自戰國秦漢之書，爲聖化孔子，以文學的虛擬手段誇張、渲染器聖言聖蹟，從而有意無意收採並杜撰了一批早起小說；《孔叢子》爲宣揚孔子及其後代言行事蹟，屬入多章虛擬和仿改之作，也造成了古小說。

1347　郝虹，《孔子家語》是否王肅僞作問題新探——從漢魏思想史角度的辨析，孔子研究，2011（1）

【解題】《孔子家語》應是一部很早就有了基本原型的書，並未經兩漢官方意識形態的規整，因此其內容中的某些思想傾向與東漢官方意識形態不僅很疏離，而且其被王肅推上歷史前臺，恰是因爲有反東漢官方意識形態且與漢魏之際思想解放潮流的幾大主題如重人事輕天命、抑君申臣、反思禮情

關係和教刑關係等相符的東西，但是此書是否被王肅改動過尚不能確論。

1348　鄔可晶，《孔子家語》成書時代和性質問題的再研究，復旦大學博士學
　　　位論文，2011
　　　【解題】《孔子家語》乃魏晉時人雜採古書、參以己意編纂而成，與《漢
書·經籍志》所載古本《孔子家語》並非一事；「僞書」一說，不能輕易否定。

1349　王化平，論王注《孔子家語》兩篇「後序」是魏晉時人僞撰，西南大
　　　學學報，2013（3）
　　　【解題】通過出土文獻可證《孔子家語》併非僞書，但書後的兩篇「後
序」仍有一些不可忽視的疑點，如《孔安國序》誤將「諸子書」列入不禁之
列，有違漢代人的常識；《後孔安國序》所載孔子家族世系與見於《史記》、《漢
書》者有明顯出入，且誤將跟從劉邦征戰的孔聚及其兒子孔臧拉入孔子家族；
所謂孔安國之孫孔衍又不被其他文獻載錄，且其奏書不明西漢著述慣例、誤
解《別錄》體例，這些錯誤與孔衍經學博士的身份太不相稱。此外，王肅通
注《家語》，卻對兩篇「後序」不置一詞，在序文中也不提此書曾經孔安國整
理，由這兩點可以推測王肅其實沒有見過兩篇「後序」，它們可能是在流傳過
程中被附益上去的。綜合各種情況，可以推測兩篇「後序」可能是魏晉時期
的王學擁躉僞撰的。

1350　劉續兵，《孔子家語》：從「典型僞書」到「孔子研究第一書」，社會科
　　　學報，2014.2.13
　　　【解題】該文梳理了《孔子家語》流傳辨僞過程。

1351　劉巍，從群經注疏看《孔子家語》僞書公案之緣起，人文雜誌，2014
　　　（3）
　　　【解題】群經之疏中既記載了馬昭等對《孔子家語》的質疑初聲，也反
映了唐宋學者對此歧見迭出，故涉不爲定論。由於馬昭爲鄭學之徒，所以他
的指控涉及到經學史上的「鄭、王之爭」，這是《家語》案涉及到的第一個學
術公案。

1352　劉巍，唐宋學者有關《孔子家語》僞書理論之演成，社會科學研究，
　　　2014（2）
　　　【解題】顏師古《漢書·藝文志》注「非今所有《家語》」是《孔子家

語》僞書說的第二個理論來源。其實顏氏本意未必是質疑今傳《孔子家語》文本的可靠性，宋代的王柏卻將顏注發展爲「古《家語》」、「今《家語》」文本兩分的看法，並提出了王肅託名於孔安國僞造《孔子家語》說。王柏此說的根源在於批駁朱子借證於《孔子家語》校正《中庸》，從而爲他提出將《中庸》分爲二篇的創說掃清道路。這是《孔子家語》案涉及到的第二個學術公案。

1353 劉巍，積疑成僞：《孔子家語》僞書之定讞與僞《古文尚書》案之關係，近代史研究，2014（2）

【解題】在對王肅人品心術的懷疑上，在辨僞方法之挪用上，在將文本一析爲二的思路上，在「一手」僞書說之運用推演上，學者對《孔子家語》的研究，普遍存在一種類似於僞《古文尚書》案一樣的《孔子家語》僞書案鍛鍊成獄之心理趨向，產生了機械移植、推論過度、疏而不證、籠統混淆、牽強附會等問題。其間所滋生的王肅僞造五書之說，又成爲近代康有爲的劉歆「遍僞群經」說之肇端，影響廣遠。

1354 魏瑋，傳抄與傳承，辨僞與存眞——從《孔子家語》「三序」說起，孔子學刊，2014

1355 藺小英，《孔子家語》與《說苑》關係考論，孔子學刊，2014

【解題】通過選取兩書中有代表性的相關材料進行逐字逐句的比勘，從字詞、行文、篇章結構等多方面考察二者關係，認爲《家語》比起《說苑》來是更加忠實於原材料的，《家語》是孔安國在漢初編輯完成的，而不是由王肅在魏晉時僞造。傳統的認爲《家語》爲王肅割裂群書而成的說法，純屬無稽之談，所謂「層累形成」也不存在。

1356 楊朝明、崔海鷹，《孔子家語·執轡》篇與《周禮》可靠性問題，濟南大學學報，2015（3）

【解題】《執轡》一篇透露出關於《周禮》成書年代及可靠性的重要信息，該篇以執轡駕車作譬喻，形象地闡述了孔子德主刑輔思想；特別是關於「古之御天下者，以六官總治」的論述，更與《周禮》六官的設置密切相應，可以視爲孔子對後者的總結、闡釋。由此可以推證，《周禮》具有極高的可靠性，其成書一定遠在孔子之前，極有可能爲周公所作。

1357　鄔可晶，《孔子家語》成書考，中西書局，2015

　　【解題】主要圍繞傳世古書、出土文獻中與《家語》中相同或類似內容的比較展開，注意考察《家語》與理應出自一源的傳世古書之間彼此的親疏關係，查找《家語》和與之相同或類似的材料，何者更接近原貌，彼此之間是否存在因襲關係。此外，還深入地探討了所謂孔安國《序》、後《序》的眞僞問題。今按：此即其博士論文之修改本。

1358　周恩帥，《孔子家語》「眞僞」研究綜述，歷史文獻研究，2015（1）

　　【解題】《孔子家語》的成書過程和眞僞問題，歷代學者爭論不休，疑之者多以爲王肅爲了駁倒鄭玄之學，假借孔子的名義，僞造了《孔子家語》等書。自 20 世紀七八十年代來，隨著相關出土文獻的研究，爲《家語》的成書和眞僞問題的探究提供了新的證據。《家語》「僞書說」並無確鑿的理論依據，《家語》的大部分內容是切實可靠的，且具有不可替代的文獻價值。

1359　崔富章、陳英立，《四庫全書總目·孔子家語》篇發疑，文獻，2015（4）

　　【解題】《孔子家語》是先秦文獻，漢初孔安國重編，四十四篇，魏王肅注解，傳承至今。《漢書·藝文志》著錄「《孔子家語》二十七卷」，唐初顏師古注「非今所有《家語》」，他的意思是說，這個二十七卷本已經失傳，從《七略》、《別錄》揭示其篇目看，它不是傳世今本《家語》之全部。顏師古、孔穎達、司馬貞、張守節諸唐人皆不以「今本」爲僞。北宋末刊《孔氏家語》十卷四十四篇王注本，卷十含孔安國敍錄、孔衍上漢成帝書兩篇重要文獻。孔安國述本書要領，敍世本源流，至孔子第十三代孔安國（亦稱十二世孫）止，其中記載多代多人事蹟，爲《史記·高祖本紀》、《史記·高祖功臣侯者年表》所佐證，足可補正《孔子世家》闕訛。安國之孫孔衍訴劉向刪減《孔子家語》篇目，可破解二十七卷（篇）本成書之謎。南宋朱熹言：「《家語》雖記得不純，卻是當時書」，並據以校正《中庸》。南宋末年，王柏虛擬「古家語」、「後家語」、「今家語」名目，謂「今之家語十卷凡四十有四篇，意王肅雜取《左傳》、《國語》、《荀》、《孟》、《二戴》之餘緒，混亂精粗，割裂前後，織而成之」。全無實證，不足爲訓。明人搜尋、傳承宋本，功不可沒。清乾隆年間，范家相撰《家語證僞》，孫志祖協同，漸成小氣候。《四庫全書總目》順應王柏「怪變」之論，撮空演繹，跡近荒唐，影響深遠，有必要逐條分析，正本清源。

1360 石瑊，從「鄭王之爭」看清人論證「《孔子家語》王肅僞作」的動機與實質，文史，2016（4）

【解題】《孔子家語》的辨僞肇端於王學與鄭學的一場論爭。此文由《聖證論》馬國翰輯本入手，對「鄭王之爭」的具體情況及雙方策略有所考察，進而認爲馬昭謂「《家語》王肅所增加」只是在無法以常規方式反擊經學質難時的無奈選擇。清代學者因推崇鄭玄而希望響應王肅的質難。《聖證論》的亡佚使得從經學上進行回應變得難以完成，而效馬昭之故智，考證「《家語》王肅僞作」成了可行的辦法。清人的疏證乃是由證明《家語》僞作，進而否定其內容記載的眞實性。他們的判斷標準和思維方式又往往來自經學。因此，疏證的最終目的是要證明傳世《家語》不具備充當經學證據的資格。這是一種經學研究，絕非客觀的文獻辨僞。

1361 胡玉尺，《孔子家語》曾子「藜烝出妻」疑僞考論，名作欣賞，2016（4）

【解題】《孔子家語》所載的曾子「藜烝出妻」典故在古代影響極大，現代也有很多人信以爲眞。實際上，「藜烝出妻」的典故是通過糅合併扭曲《白虎通》與《韓詩外傳》的相關記載而炮製出來的僞說。此僞說的炮製，是爲了迎合當時察舉制對極端孝行的需要，此僞說在歷史上產生了極壞的影響，有必要予以揭穿，加以證僞，還其本來面目。

1362 黃耀明，「受屈」探源──兼論《孔子家語》《孔叢子》《列子》的成書時間，中國語言文學研究，2017（2）

【解題】比辭書首例早的「受屈」用例當有7條，其涉及的《孔子家語》《孔叢子》《列子》成書時間學界多有分歧。梳理各家觀點可知，多數人認爲三書編成於魏晉時期，當非「受屈」之源。再結合語境與古文字字形分析，推斷其本義爲獲得蜷曲的動物，且本義與《史記》用例相合，故知「受屈」源自《史記》。由詞義演變推測，《孔子家語》《孔叢子》《列子》三書均寫成於西晉。

1363 李海霞，《孔子家語》的成書及版本流傳，商丘師範學院學報，2017（8）

【解題】《孔子家語》古有傳本，與《論語》並時，互不重合。《家語》的最初整理者是孔門弟子，最早的編輯者是西漢早期的孔安國，至王肅作注時已定型。《家語》隨著社會文化的幾次巨大變化而發生演繹，其版本流傳具有某一類書的標本性質。

1364　李海霞，從出土文獻看《孔子家語》的眞僞，安陽師範學院學報，2017
　　　（3）

【解題】阜陽雙古堆 1 號漢墓和八角廊漢墓 40 號墓出土的木牘、竹簡，內容都涉及孔門師生言行。從時間、內容等方面把出土文獻和《孔子家語》進行對比分析，可以爲推翻《孔子家語》「僞書說」提供極有說服力的證據。

1365　陳以鳳，《孔子家語》「孔安國序」考辨，古籍整理研究學刊，2018（5）

【解題】今傳本《孔子家語》所附「孔安國序」之眞僞，多爲學界關注探究，迄無定論。通過校勘《四庫全書》《文獻通考》《西漢文紀》《家語證僞》以及日本的太宰純本、岡白駒本六個版本之「孔安國序」，可知其間所存異文多係輾轉傳抄所致，不關乎其眞僞判定。考而辨之，序言本身的內容並無不合史實的謬誤之處，多有傳世文獻的記載印證，且與迄今所見的出土文獻暗合，個中細節非親歷其事者不能描述，當爲西漢孔安國所作。

1366　馮麗娜，基於詞頻統計的《孔子家語》眞僞度分析，黑龍江大學碩士
　　　學位論文，2018

【解題】自宋代以來學術界對《孔子家語》眞僞問題的探討一直爭論不休，但是近年來部分出土文獻的相繼問世貌似已經爲其「僞書」的「罪名」翻案，其學術價值越來越受到人們的重視和肯定，甚至有學者稱其爲「孔子研究第一書」。須知，「部分出土文獻」「殘卷」「不早於唐朝」這一系列客觀事實未必能確切證明王肅所注《孔子家語》一定爲「眞書」。爲此，秉持客觀評價《孔子家語》眞僞的態度，輔以《論語》及《史記·孔子世家》進行對勘，並將詞頻分析方法引入古典文獻辨僞學領域，通過詞頻統計及知識圖譜展示的方式將《孔子家語》《論語》《史記·孔子世家》內容以客觀、清晰的方式呈現出來，並結合部分定性史料對其進行眞僞度辨析，最終揭開《孔子家語》的「眞實」面目：《孔子家語》成文體系存在「實僞」、「擬僞」和「實眞」、「擬眞」四種可能，其內容上存在 50% 的僞和 50% 的眞。今按：方法雖新，難成定論。

1367　石琡，眞僞與醇疵：《孔子家語》的懸疑，文匯報，2018

【解題】作爲文獻辨僞史上的兩樁公案之一，《孔子家語》的辨僞在歷史上經歷了三個重要階段：馬昭的「增加」說，王柏的「王肅編《家語》，託名孔安國」及清人的「王肅僞作《家語》」。而這三種不同形態僞書說的產生

都指向了相似的目的，即辨偽者以辨書籍之真偽爲名行辨義理之醇疵之實。

1368　禹菲，王肅《孔子家語》注本作偽新證，哲學研究，2018（10）

　　【解題】王肅是否「增加」、改編《孔子家語》，是一樁歷史公案。本文以《聖證論》中所載王肅學派與鄭玄學派的爭論爲線索，來看王肅學派所依據的《孔子家語》，考辨其與其他文獻的關係，發現《孔子家語》抄襲、改編其他文獻以「造偽」的重要例證，如偽造《孔子家語・郊問》篇、改編《大戴禮記・本命》篇等。通過比較分析，具體確定了哪些文字是偽造内容。最後又通過清人孫志祖《家語疏證》得以印證。

孔叢子

1369　孟森，臧三耳辨——爲《孔叢子》書作偽之證，古史辨（第四冊），北京：樸社，1933

1370　羅根澤，《孔叢子》探源，古史辨（第四冊），北京：樸社，1933；諸子考索，北京：人民出版社，1958

1371　黃懷信，《孔叢子》的時代與作者，西北大學學報，1987（1）

　　【解題】包括《詰墨》在内，《孔叢子》的前十八篇除《小爾雅》外，均應看作孔鮒手筆。其書舊題孔鮒撰，並非偽託，只不過另有後人附益，而且加進了《小爾雅》。《小爾雅》是西漢晚期的作品，而且被作爲有機的一篇，說明今書是經後人重編的；既經重編，文字上或有部分改造，也就不無可能。

1372　付亞庶，《孔叢子》偽書辨，東北師範大學學報，1994（5）

　　【解題】該文從諸家之說中剔出具代表性的幾種說法，分別從其立論角度、立論依據、考證方法、古人撰述體例及習慣等幾方面進行辨析，爲《孔叢子》翻案，以證其不爲偽書，以期恢復此書在中國古代文獻典籍中應有的地位。

1373　鄭良樹，論《孔叢子・詰墨》的寫作背景及成書時代，諸子著作年代考，北京：北京圖書館出版社，2001

1374　楊軍，《孔叢子》考證，蘇州科技學院學報，2005（4）

1375　趙東栓、孫少華，《孔叢子》成書舊說及其考察，白城師範學院學報，2005（4）

　　【解題】《孔叢子》最後編修時間當在魏黃初二年左右爲宜，這應當是

《孔叢子》的最後成書時間；而孔羨當爲《連叢子》下的作者及《孔叢子》全書的最後編定者。總之，《孔叢子》的成書並非出於孔氏子孫一人之手，而是歷經孔氏歷代子孫的編輯或附益。

1376　李健、孫少華，《孔叢子》的眞僞問題，渤海大學學報，2005（4）
1377　孫少華，《孔叢子》眞僞辨，古典文學知識，2006（6）
　　　【解題】對《孔叢子》一書的眞僞問題由來、歷代眞僞觀點、進行了整理，但未提出自己的觀點。

1378　李新民，東漢孔氏家學及《孔叢子》僞書公案，曲阜師範大學碩士學位論文，2007
1379　孫少華、高洪民，《孔叢子》體現的戰國學者品格及其時代性質，內蒙古民族大學學報，2008（6）
　　　【解題】《孔叢子》一書的確帶有戰國時代的學術特色，其中反映的戰國時代的學者皆具有自高、自貴的學術品格，與《孟子》等書的記載是一致的；而「時移世異」觀念，應該是前者的特殊外化。這兩種學者品格與戰國時期的時代特徵是一致的。

1380　王鈞林，論《孔叢子》的眞僞與價值，齊魯文化研究，2009
　　　【解題】《孔叢子》實際包括《孔叢子》、《連叢子》、《小爾雅》三部各自獨立的書，它們絕不是一位作者所撰，根本就不存在一個全書的作者問題。《孔叢子》和《連叢子》對於瞭解從公元前 6 世紀到公元 2 世紀二十幾代孔子世系的傳承與排列，以及孔子世家的特殊繼承制度，有著極爲重要的史料價值；兩書記載的孔子後世子孫的言語行事也有著珍貴的思想價值。

1381　陳以鳳，《孔叢子》中孔臧四賦二書的眞僞考辨，西華大學學報，2009（6）
　　　【解題】通過考察辨析四賦二書的文本內容和學者提出的「僞據」，認爲其爲東晉時孔家後人所作之說不能成立，當確爲西漢孔臧所作。

1382　李健勝，從所載子思言行看《孔叢子》的僞書本質——兼說疑古派觀點的價值與意義，暨南史學，2009；史學月刊，2010（6）
　　　【解題】《孔叢子》所載子思言行，都係杜撰而來，不能當作信史看待。杜撰此書時，作者也可能有所依憑，但這終不能改變《孔叢子》的僞書本質。

1383　席慧娟，《孔叢子》眞僞諸說考證，文學界，2010（5）

【解題】孔叢子述及孔氏數代子孫言行事蹟，其間相隔幾百年，在其成書過程中，定有後人不斷對其進行編纂、改動和增補，有關學者對其內容的考證也證明其有可靠的先秦史料，同時作爲孔氏「家學學案」其記載也基本眞實可靠。

1384　盧婧，《孔叢子》作者及其成書過程研究，劍南文學，2012（10）

1385　傅亞庶、張明，再論《孔叢子》的成書與眞僞，蘭州學刊，2013（1）

【解題】在梳理《孔叢子》成書年代的基礎上，以諸家「僞書」說爲對象，分別從其立論角度、立論根據、考證方法、古人撰述習慣及文獻流傳特點等幾方面進行辨析，論證《孔叢子》不僞，此書歷代流傳，經久不沒，實乃爲一部思想內容豐富，且具有較高史料價值的傳世文獻。

1386　傅亞庶，論《孔叢子》的史料價值，吉林師範大學學報，2014（4）

晏子春秋

1387　高亨，《晏子春秋》的寫作時代，文學遺產增刊第八輯，北京：中華書局，1961；文史述林，北京：中華書局，1980

【解題】運用對勘互比的方法，探究《晏子春秋》與《古文瑣語》、《墨子》、《荀子》、《呂氏春秋》的前後關係，認爲《晏子春秋》作於戰國時期。

1388　吳則虞，《晏子春秋集釋》序言，晏子春秋集釋，北京：中華書局，1962

【解題】否定《晏子春秋》爲晏子本人所作、墨子門徒假託、六朝人僞造三種觀點，認爲其成書年代在秦始皇統一六國後一段時間。

1389　吳則虞，試論《晏子春秋》，光明日報，1961，6，9

1390　董治安，與吳則虞先生談《晏子春秋》的時代，文史哲，1962（2）

【解題】《晏子春秋》成書時代當在秦統一前的戰國時期。

1391　金德建，晏子的年代與《晏子春秋》的產生時代，司馬遷所見書考，上海：上海人民出版社，1963

【解題】《晏子春秋》成書的時代當在戰國中期以後。

1392　金德建，《晏子春秋》的流傳，司馬遷所見書考，上海：上海人民出版

社，1963

【解題】劉向《校錄敘》所說的「定著八篇」以及《漢志》著錄的八篇，應當就是今存本的八篇，一線流傳下來的，其間並不曾有過亡佚。

1393 陳維德，《晏子春秋》歸屬問題之商榷，女師專學報，1973（3）

1394 王更生，《晏子春秋》研究，臺北：文史哲出版社，1976

1395 陳瑞庚，《晏子春秋》考辨，臺北：長安出版社，1980

1396 譚家健，《晏子春秋》簡論——兼評《晏子春秋集釋前言》，北京師範大學學報，1982（2）

【解題】《晏子春秋》語言風格與《國語》比較接近，沒有戰國後期的風氣，與《墨子》也有相近之處，成書應在《國語》、《墨子》之後，《戰國策》、《韓非子》之前。

1397 馬赫，試論《晏子春秋》的成書時代及其在小說史上的地位，邵陽師專學報，1983（3）

1398 徐立，《晏子春秋》略論，西南師院學報，1983（4）

1399 凌迅，晏子與《晏子春秋》，文史知識，1984（12）

1400 呂斌，淳于髡著《晏子春秋》考，齊魯學刊，1985（1）

1401 涂以楠，《晏子春秋》研究綜述，語文導報，1987（11）

1402 駢宇騫，銀雀山漢墓竹簡《晏子春秋》校釋，北京：書目文獻出版社，1988

1403 孫綠怡，《晏子春秋》——中國最古老的傳說故事集，文史知識，1989（3）

1404 董治安，說《晏子春秋》，先秦文獻與先秦文學，濟南：齊魯書社，1994

1405 毛曦等，《晏子春秋》的成書時間與思想特徵，人文雜誌，1997（6）

【解題】《晏子春秋》成書於西漢，作於西漢初期齊地人或久居齊地之人之手。

1406 吳顯慶，《晏子春秋》並非成於西漢初年，黑龍江社會科學，2000（6）

【解題】主要根據銀雀山漢墓出土的竹簡本《晏子》與今本《晏子春秋》、竹簡《孫臏兵法》、漢墓帛書《經法》等四篇古佚書、《戰國縱橫家書》的比較，根據《晏子春秋》自身的時代特徵以及它與《左傳》和《孟子》的關係來論證，認為《晏子春秋》不是寫成於一時，書中多處抄錄《左傳》的有關

資料和文字，吸收孟子的思想，應在戰國中後期之間陸續完成，而今本在長期的流傳過程中又有相當多的變動和損益，但其主要思想內容、結構形式和多數文字基本未變。

1407　馬振方，《晏子春秋》的虛擬成分與文類辨析，國學研究（第 18 卷），2006

【解題】從時序錯位、內容荒誕、有悖晏子人格、彼此牴牾、仿擬之作、誇而無節、悖逆事理七個方面辨析《晏子春秋》虛擬成分，認為全書主體的全書主體的文類品格應是民間傳說與早期小說的集合體，是我國敘事散文最早的積累型作品，其中的晏子不僅是理想化了的文學形象，也是我國小說箭垛式人物之祖。從《晏子》中諸多重複、仿擬和牴牾可知，它不是一人一時之作，自然也就不是個人作偽的產物；在劉向以前，並沒有一種全本《晏子》，劉向校錄的定本應是各本《晏子》的集大成者；由最早成書至於秦漢的漫長歲月裏，為數不少的作者將自己對於晏子的愛戴熱忱傾注於文字，甚至將同一人物、同一主題、同一事件或同一傳說用大同小異或小同大異的文字一寫再寫，不厭其煩，居然達於二百多章，這在漢代以前的歷史上是僅見的。

1408　鄭良樹，論《晏子春秋》的編寫及成書過程，管子學刊，2000（1～2）；諸子著作年代考，北京：北京圖書館出版社，2001

【解題】從《晏子春秋》的成書、材料來源多元化、衍生與改寫、編訂幾方面對其編寫和成書進行論述，認為此書最早的部分出現於春秋末期，或《左傳》成書前的戰國初期，由多人多時多地集體參與編寫，又經過後人的改寫，最終經過劉向整理而成。

1409　延娟芹，《晏子春秋》的成書情況與流傳過程，呂梁高等專科學校學報，2002（3）

【解題】《晏子春秋》成書有一個長期積累和演化的過程，到戰國中後期基本定型，至劉向校讎整理後，內容始固定下來，漢後各代史志著錄篇目不合，乃是由於章數分合不同所致。

1410　楊亞蕾，《晏子春秋》的成書年代，文山師範高等專科學校學報，2004（4）

【解題】從《晏子春秋》的文體淵源出發，對其在文學發展的進程中適

當定位，根據其文體特徵，運用比較的方法推斷出《晏子春秋》的成書年代大約在戰國初期稍後、中期以前。

1411　王緒霞，《晏子春秋》成書考論，西北師範大學博士學位論文，2006
　　【解題】梳理了晏嬰生平，大約出生於公元前 586 年，約卒於公元前 507 年；很多地方《左傳》材料籠統而《晏子春秋》具體，因爲《晏子春秋》使用了來自齊國史官的第一手資料，還雜採當時各種書面材料，有大量僞託內容；此書約成於戰國中期，編者（淳于髡可能性較大）以齊國史料爲基礎，雜採當時各種書面材料、口頭傳說和民間故事，並由編者以僞託晏子與景公、叔向問答的形式，加入大量闡發個人政治理念的材料，又虛構和改造了一些故事性內容，共同構成了漢代劉向校書前《晏子春秋》的面貌。

1412　謝祥娟，從詞彙角度看《晏子春秋》的成書年代，中南大學學報，2011（4）
　　【解題】在考察多部先秦典籍的基礎上，通過對《晏子春秋》一書進行全面調查，發現此書中諸如「布衣、誠信、夫子、酣、枯槁、履、身體、聲名、樹木、睡、學問」等一系列詞語具有鮮明的時代特徵，即這些詞語本身或其某個義項始見於戰國中後期，「夫子」一詞的用法也與戰國中後期文獻相符，由此斷定《晏子春秋》一書很可能成書於戰國中後期。

1413　謝祥娟，《晏子春秋》戰國中後期成書說補證——從一組常用詞的演變著眼，管子學刊，2011（1）
　　【解題】通過考察《晏子春秋》中的「酣、履、睡、布衣、誠信、夫子、枯槁、身體、聲名、樹木、學問」等常用詞所體現出的時代特徵，支持前人關於《晏子》成書於戰國中後期的論斷。

1414　武曉佳，《晏子春秋》考論，山東大學碩士學位論文，2012
1415　車錄彬，漢墓竹簡本《晏子春秋》文獻價值初探，歷史檔案，2012（1）
1416　劉文斌，再論《晏子春秋》的著作性質，南京師範大學文學院學報，2013（2）
　　【解題】通過對《晏子春秋》材料逐章分析，發現其材料共來自三個方面——古史、民間傳說和編訂者自己的思想理念；又通過深入探討最初人們記錄事件、傳播人物軼事的動機，論定《晏子春秋》既非「歷史小說」，也不

是「傳說故事集」，而是一部我國最早的獨具特色的歷史人物傳記。

1417　劉文斌，再論《晏子春秋》的著作屬性——從《列女傳》《新序》《說苑》採錄材料的性質說起，瀋陽師範大學學報，2013（4）

【解題】《晏子春秋》是「中國最早的獨具特色的歷史人物傳記」，從劉向《列女傳》《新序》《說苑》三部著作所採錄的《晏子春秋》材料的性質來看，也證明《晏子春秋》是一部由後人搜集，通過大量古史和民間傳說材料，反映重要人物生平和歷史貢獻的人物傳記。

1418　郭慶林，《晏子春秋》成書年代再議，新鄉學院學報，2013（4）

【解題】《晏子春秋》的成書當在戰國中期之前，其年代晚於《國語》，早於《墨子》。

1419　楊明，《晏子春秋》成書、流傳、及學派歸屬考論，曲阜師範大學碩士學位論文，2013

1420　袁青，《晏子春秋》是稷下學者所作嗎？——兼與趙逵夫等先生商榷，學術界，2015（8）

【解題】「淳于髡作《晏子春秋》」之說是站不住腳的，《晏子春秋》根本就不可能是稷下學者所作的，而是由反對田齊政權的齊學者陸續成書的，最後經過某人或某些人的潤色，它後來對以淳于髡爲代表的稷下先生產生了一定的影響。

1421　周雲釗，《晏子春秋》論，曲阜師範大學博士學位論，2015

【解題】《晏子春秋》的成書年代，至今有春秋說、春秋末至戰國初期說、戰國說、秦代說、漢代說、六朝說等，後三種說法認爲《晏子春秋》非先秦古籍，漢代說、六朝說更是將其看作僞書。經過學者們的艱苦努力，借助出土文獻資料，僞書說已被推翻，其爲先秦古籍已成學界主流觀點。根據《晏子春秋》成書年代上、下限，以及《晏子春秋》書中所記的建築制度、詞彙語義和思想觀念等特徵，其成書在春秋末至戰國初期。聯繫時代背景，《晏子春秋》當成書於春秋末期；編纂者有可能是齊國太史子餘，其材料來源於齊史或晏嬰家史。到戰國時期，以淳于髡爲代表的稷下先生們對《晏子春秋》作過加工整理，從而帶有他們各自學派的一些痕跡，並搜集民間流傳的晏子故事以充實之。至劉向，始去其重複，定著八篇。

1422 蘇金俠，《晏子春秋》辨偽方法述評，圖書館理論與實踐，2018（3）
【解題】《晏子春秋》是記錄春秋時代齊國晏嬰言行和思想的一部典籍。文章以古籍辨偽理論爲基礎，從《晏子春秋》的文本內容、體現的作者思想、與其他古籍的關係和佚文四個方面，介紹了歷代學者對《晏子春秋》一書的考辨情況，以期理清學者對《晏子春秋》辨偽過程的來龍去脈。

新語

1423 胡適，陸賈《新語》考，古史辨（第四冊），北京：樸社，1933

1424 張西堂，陸賈《新語》辨偽，古史辨（第四冊），北京：樸社，1933

1425 羅根澤，陸賈《新語》考證，學文，1930（1）；古史辨（第四冊），北京：樸社，1933；諸子考索，北京：人民出版社，1958

1426 孫次舟，論陸賈《新語》的眞偽，古史辨（第六冊），上海：開明書店，1938

1427 金德建，《新語》的流傳和產生時代，司馬遷所見書考，上海：上海人民出版社，1963
【解題】司馬遷所見《新語》片段爲今本《新語》所無，可見今本非司馬遷所見本。

1428 梁榮茂，陸賈《新語》研究，臺灣大學中研碩士學位論文，1964

1429 徐復觀，《新語》的問題，兩漢思想史，臺北：學生書局，1976；上海：華東師範大學出版社，2001
【解題】在余嘉錫等人的基礎上，增補《至德第八》中的一段話，以證明陸賈所言《春秋》之義，確本於《穀梁傳》。

1430 蘇誠鑒，陸賈《新語》的眞偽及其思想傾向，中國古代史論叢（第 1 輯），1981
【解題】今本《新語》乃經過一再增刪竄改的殘書，決非陸賈的原著；但就其內容說，則保留了不少陸賈的原意；所以書是原書，事（內容）有眞有偽。

賈誼新書

1431 魏建功等，關於賈誼《新書》眞偽問題的探索，北京大學學報，1961（5）

1432　徐復觀，《新書》的問題，兩漢思想史，臺北：學生書局，1976；上海：
　　　華東師範大學出版社，2001

　　　【解題】在余嘉錫「《新書》非僞」的基礎上作補充論證，認爲《新書》
五十八篇全部出自賈誼。

1433　王洲明，《新書》非僞書考，文學遺產，1982（2）

　　　【解題】今本《新書》與古本《新書》當同出於一個系統，當出自賈誼
之手。今本《新書》保存了賈誼的絕大部分作品，可以作爲研究賈誼的依據。
作者通過將《漢書》與《新書》的有關章節對比，發現不少地方《新書》較
《漢書》更加詳細，並非抄襲《漢書》而成；又從其中所引《詩經》與漢代
傳詩進行考察，斷爲漢初作品。

1434　張超，《新書》的眞僞及版本，安徽文學，2007（12）

　　　【解題】對《新書》的眞僞及版本進行簡單的分析，並對《新書》版本
的流傳和系統進行了辨析。

1435　方明智，賈誼《新書》的眞僞考證及其流傳情況探究，大眾文藝，2011
　　　（14）

　　　【解題】採用比較分析法、史論結合法、文獻分析等方法，從賈誼《新
書》的眞僞及版本流傳兩方面進行探究，認爲從漢代到清代一直都在流傳，
流傳中名稱時有變化，卷數或篇數各異，歸屬也不相同，但《新書》的基本
內容和架構並無多大變化。

新序

1436　羅根澤，《新序》、《說苑》、《列女傳》不作始於劉向考，圖書館學季刊，
　　　1930（1）
1437　蒙傳銘，劉向《新序》之重新考察，圖書館學報，1965（7）
1438　梁榮茂，劉向與《新序》之著作問題，孔孟月刊，1971（10）
1439　徐復觀，《新序》、《說苑》的問題，兩漢思想史，臺北：學生書局，1976；
　　　上海：華東師範大學出版社，2001

　　　【解題】《新序》、《說苑》皆爲劉向自撰。

1440　張白珩，試論劉向《新序》成書之體例，四川師院學報，1980（3）

1441　王蘇鳳，劉向《新序》著作性質考辨，河北師範大學學報，2000（3）
　　【解題】反對「序」非「撰」、「著」的觀點，認爲「序」自有「敘述」、「撰述」之意，有別於「整理篇次」，應理解爲劉向在綜合多種史料基礎上，加上自己的見解並進行分類編撰而成。

1442　邢培順，劉向《新序》《說苑》《列女傳》材料來源及加工取捨方式探索，濱州師專學報，2004（1）

1443　賈冬月，劉向《新序》《說苑》《列女傳》的小說特徵，綏化學院學報，2006（6）
　　【解題】劉向的三部書處於向小說過渡的階段，它本身已經初步具備小説的因素，情節完整，人物形象也鮮明，注重人文環境的描寫，對後世的小説有很大啓發。但是我們同時也應認識到其中的小說因素並不多，並非有意虛構故事，人物性格僅寫一個側面，不夠典型，它們還不是嚴格意義上的小説，所以不能將之冠上「小説」之名的。

1444　馬振方，《新序》《說苑》之小說考辨，文藝研究，2008（4）
　　【解題】《新序》與《說苑》大都是傳寫先秦各國君臣大夫的言行事蹟，只有部分内容見諸尚存的史書典籍，更多内容的眞實與否較難確定，自覺的虛構之作就更難辨明，因此兩書的部分篇章屬於早期小說作品，不能籠而統之地謂爲史實與傳說。

1445　王守亮，《新序》、《說苑》、《列女傳》爲劉向編撰——兼談劉向三書的小說史價值，浙江海洋學院學報，2011（3）
　　【解題】全面解讀《説苑敘錄》、《漢書》劉向本傳和《漢志》著錄，認爲應是劉向編撰，《論衡·超奇篇》所說劉向「抽列古今，紀著行事……累積篇第」，以及三書收錄西漢當代故事，都表明了這一點。劉向三書是唐前規模最大的短篇歷史故事集，開魏晉六朝志人小說先河，創立了魏晉六朝小說分門別類的編撰體例和模式，爲漢魏六朝小說的發展做出了重要貢獻，是古代小説史研究中不應也不能忽略的。

其他

1446　王玉德，論《忠經》的成書年代及與《孝經》之異同，中國典籍與文化，2002（4）

【解題】推測《忠經》成書於宋代，並與《孝經》比較，認爲兩書在倫理上講是一致的，在内容上《忠經》較爲寬泛，在借鑒價值上也較高。

1447　楊欣，《女孝經》作者及產生時代考，中國俗文化研究，2010

　　【解題】《女孝經》的内容與《進書表》中所言之册立王妃的情況是完全符合的，其作者應爲鄭氏無疑；如果永王係玄宗子李璘，則《女孝經》成書於玄宗、肅宗時期應無疑。

1448　王博凱，《忠經》成書時代及相關問題研究，陝西師範大學碩士學位論文，2016

　　【解題】《忠經》舊題東漢馬融撰、鄭玄注，是一部系統闡釋古代忠德思想的文獻。該書宋前公私目錄均未著錄，明末以後始被學者懷疑是後儒僞作，清代針對該書的成書時代問題展開了一系列探討，但至今爭議仍存。當前學術界對該書的研究多關注其當代社會價值和内容的解讀，對其成書時代問題及與該書相關的目錄學歸屬、版本和價值等問題鮮有深入探討者。鑒於此，本文的研究理路爲考證《忠經》一書的成書時代，在前賢研究的基礎上從多個視角對其成書時代問題作一考證，提出較爲合理的斷代依據，糾正當前學界的一些不科學說法，並對當前研究較薄弱的《忠經》的幾個相關問題展開探討。分爲上下兩篇，上篇考證《忠經》的成書時代。《忠經》的成書時代問題，學術界主要形成三種說法：東漢說、唐代說、宋代說。爭論集中於唐、宋兩個時期，《忠經》的作者學界亦有分歧，有東漢馬融說、唐居士馬融說、海鵬說三種看法。通過綜合分析認爲其書成於宋初的可能性最大。

道家類

老子

1449　張煦，梁任公提訴《老子》時代一案判決書，晨報副刊，1922，3，22～24

　　【解題】對梁啓超《評胡適之中國哲學史大綱》所言《老子》書著於戰國之末觀點予以反駁，認爲梁啓超所提出的六點證據不能證明《老子》作於戰國。今按：梁說確實不能成立。

1450　胡懷琛，《老子》書之眞假問題，國學週刊，1923（30）

1451　顧頡剛，論《詩經》經歷及《老子》與道家書，古史辨（第一冊），北京：樸社，1926

1452　張壽林，老子《道德經》出於儒後考，晨報副刊，1927（74）

【解題】微引畢沅、汪中、崔述的成果，和衛聚賢「于」、「於」用作介詞統計表，斷定《老子》作於孔子之後，孟子前後。

1453　黃方剛，《老子》年代之考證，哲學評論，1928（2）

【解題】根據《孔子家語》、《列子》、《戰國策》、《呂氏春秋》、《淮南鴻烈》、《韓非子》、《莊子》所引《老子》語來考察，認爲《老子》最遲在莊子生時已傳於世，作者是老聃，即老彭，非李耳，長於孔子。

1454　梁啓超，論《老子》書作於戰國之末，古史辨（第四冊），北京：樸社，1933

【解題】又名《評胡適〈中國哲學史大綱〉》，文章列出六大疑點，認爲老子爲戰國末人。今按：此說難以成立。

1455　錢穆，關於《老子》成書年代之一種考察，燕京學報，1930（8）；古史辨（第四冊），北京：樸社，1933

【解題】就《老子》「道」與「名」而論其思想系統，認爲莊子言道乃孔、墨與《老子》的過渡，莊子言「名」乃調和儒、墨兩家之不同，至《老子》時調和矛盾已非主要任務，故《老子》晚於《莊子》。今按：此說難以成立。

1456　胡適，與錢穆先生論《老子》問題書，清華週刊，1932（9～10）；古史辨（第四冊），北京：樸社，1933

【解題】針對錢穆《關於〈老子〉成書年代之一種考察》一文，認爲思想線索不可靠，以此得出《老子》晚出之論亦非完全可靠。

1457　顧頡剛，從《呂氏春秋》推測《老子》之成書年代，史學年報，1932（4）；古史辨（第四冊），北京：樸社，1933

【解題】《呂氏春秋》內容與《老子》有很多相似之處，但沒有引用《老子》痕跡，因此《呂氏春秋》著作時代，還沒有今本《老子》，其成書當在《呂氏春秋》與《淮南子》之間；《老子》提出的一些理論皆有針對性，如「絕仁棄義」應在儒家仁義理論之後，老聃應是戰國中葉之人。今按：此說不能成立。

1458　張蔭麟，《老子》的年代問題，古史辨（第四冊），北京：樸社，1933

　　　【解題】《老子》寫作時間在《淮南子》之後，但老學產生於莊子、孟子之前，老學的創始人以老聃之名寫的《道德經》已經亡於秦火。今按：此說難以成立。

1459　胡適，與馮友蘭先生論《老子》問題書，古史辨（第四冊），北京：樸社，1933

　　　【解題】反對馮友蘭老子晚出之說，並對其提出的三個證據一一反駁。

1460　羅根澤，老子及《老子》書的問題，古史辨（第四冊），北京：樸社，1933

　　　【解題】證老子即太史儋，誤老萊子爲老子乃張守節之誤；除「兵者不祥之器」爲注文竄入，其他皆爲老子作。

1461　武內義雄，《老子》原始，先秦經籍考，上海：商務印書館，1933

　　　【解題】《老子》乃魏晉以後作品。今按：此說不能成立。

1462　張覺人，《老子》年代考，學藝，1933（8～9）

1463　高亨，《史記・老子傳》箋證，北強，1934（1）；古史辨（第六冊），上海：開明書店，1938

1464　高亨，《史記・老子傳》箋證，北強，1934（2）；古史辨（第六冊），上海：開明書店，1938

　　　【解題】老子爲楚人，名耳，字聃，姓李氏，孔子問禮於老聃乃眞事，《老子》爲老聃作，老聃與老萊子、太史儋皆非一人，太史儋爲老子後代。

1465　葉青，從方法上評《老子》考，文化建設，1935（6）；古史辨（第六冊），上海：開明書店，1938

1466　李源澄，論《老子》非晚出書並質錢賓四先生，制言，1936（8）

1467　羅根澤，再論老子及《老子》書的問題，古史辨（第六冊），上海：開明書店，1938

　　　【解題】老子即太史儋，在孔子後百餘年，《老子》爲太史儋所著。今按：此說不能成立。

1468　羅根澤，歷代學者考證《老子》年代的總成績，古史辨（第六冊），上

海：開明書店，1938

【解題】梳理了歷來關於《老子》年代的考辨觀點。

1469　孫次舟，跋《古史辨》第四冊並論老子之有無，古史辨（第六冊），上
　　　海：開明書店，1938

【解題】否定老子存在過，認爲乃莊周之徒捏造，現行的《老子》書爲
傳莊學者假託。今按：此說不能成立。

1470　胡適，評論近人考據老子年代的方法，古史辨（第六冊），上海：開明
　　　書店，1938

【解題】評近人考據《老子》的方法，將其證據分爲兩類，一是從思想
系統和思想線索上，一是從文字、術語、文體上，並且針對顧頡剛的考據方
法專門論述其不合理。

1471　馮友蘭，讀「評論近人考據老子年代的方法」答胡適之先生，古史辨
　　　（第六冊），上海：開明書店，1938

【解題】此文爲對胡適《評論近人考據老子年代的方法》的答辯，認爲
「一件一件不充分的證據，合起來成了一個系統，就成一個很強有力的證據。」
今按：此說不能成立。

1472　馬敘倫，辨《老子》非戰國後期之作品，古史辨（第六冊），上海：開
　　　明書店，1938

【解題】《老子》非戰國後期作品：一是列子問學關尹子，列子與子產
同時；二是《莊子》、《戰國策》等引《老子》文；三是文體上《老子》與《易》、
《詩》、《論語》類似。

1473　錢穆，再論《老子》成書年代，古史辨（第六冊），上海：開明書店，
　　　1938

【解題】通過《老子》對政治社會所提出的各種理論推測，此書似乎是
戰國晚期的作品。今按：此說難以成立。

1474　張福慶，對錢穆先生「從文章的體裁和修辭上考察《老子》成書年代」
　　　的意見，古史辨（第六冊），上海：開明書店，1938

1475　熊偉，從先秦學術思想變遷大勢觀測老子的年代，古史辨（第六冊），

上海：開明書店，1938

1476　唐蘭，老子時代新考，古史辨（第六冊），上海：開明書店，1938
　　　【解題】老聃與孔子同時，《道德經》爲老聃遺言，但成書在戰國時期，約在《墨子》、《孟子》撰成之時。今按：此說不能成立。

1477　劉坦，老子《道德經》作於周國考，東方雜誌，1938（8）

1478　張默生，老子傳及老子書的問題，文化先鋒，1943（20）

1479　陳貴兼，老子其人與其書，中原月刊，1944（3）

1480　金兆梓，《老子》辨僞，學藝，1947（1～3）

1481　張一庵，《老子》作者爲李耳論證，新中華，1947（13）

1482　周紹賢，老子的生平及《老子》書的問題，大陸雜誌，1954（7）

1483　金景芳，老子的年代和思想，史學集刊，1956（2）

1484　錢穆，《老子》書晚出補正，民主評論（香港），1957（9）

1485　嚴靈峰，辨《老子》書不後於《莊子》書，大陸雜誌，1957（9～11）

1486　錢穆，老子的年代問題，中華日報，1957，12，24

1487　錢穆，再論《老子》成書年代，莊老通論，香港：新亞研究所，1957
　　　【解題】列舉十證以證《老子》後於《莊子》。今按：此說不能成立。

1488　錢穆，三論《老子》書之年代，人生，1960（10）

1489　徐復觀，有關老子其人其書的再檢討，東海學報，1961（1）

1490　金德建，論老子年代問題與老子書問題，司馬遷所見書考，上海：上海人民出版社，1963
　　　【解題】老子是戰國中期的人，大約在莊周以前，年紀比莊周稍微大幾歲。老聃與太史儋是爲一人，老萊子是另外一個人，他著書十五篇，與老聃無涉。今按：此說難以成立。

1491　李弘祺，《道德經》的成書年代，出版月刊，1967（25）

1492　勞思光，《老子》其書，中國哲學史，香港：中文大學崇基學院，1971

1493　謝秀文，從《老子》韻推證《老子》成書之時代，建設，1975（1）

1494　詹劍峰，老子其人及其道論，武漢：湖北人民出版社，1982

1495　何先，探索與創新：讀詹劍峰著《老子其人及其道論》，華中師院學報，1984（5）

1496　吳光，老子其人其書芻議，人文雜誌，1984（5）

1497　段景蓮，老子人與《老子》書在孟子之後嗎，社會科學論壇，1994（4）

1498　陳鼓應，論《老子》晚出說在考證方法上常見的謬誤──兼論《列子》
　　　非偽書，道家文化研究（第4輯），上海：上海古籍出版社，1994

　　　【解題】該文就《老子》的辨偽方法提出自己看法，認爲有邏輯思維錯
誤，又加上意識形態影響，導致考證的謬誤；並認爲《列子》亦非偽書，乃
先秦作品。

1499　劉笑敢，《老子》早出說之新證，道家文化研究（第 4 輯），上海：上
　　　海古籍出版社，1994

1500　李學勤，申論《老子》的年代，道家文化研究（第6輯），上海：上海
　　　古籍出版社，1995

　　　【解題】提出戰國秦漢簡帛材料的證據，老子長於孔子，《老子》之書
先成之說可靠。

1501　尹振環，《老子》作爲《尙書》的繼續，中國文化研究，1997（3）

　　　【解題】《老子》主要是言治道，把《尚書》與《老子》作一比較，即
可看出兩者之相通，及後者對前者的繼承、改造、發揮；作者推測《老子》
是《尚書》的春秋部分，只是它沒有可獻之君，也未經君王認可，故而只能
流傳民間。今按：此乃臆說。

1502　馮廣宏，以「主線法」重論老子時代，中華文化論壇，1997（3）

1503　劉笑敢、吳廣平，一條斷定《老子》年代問題的新途徑，黃淮學刊，
　　　1998（4）

　　　【解題】斷定《老子》年代的方法是建立在對已知時代的著作的語法和
韻律結構的比較基礎上，該文通過深入細緻的比較研究，發現《老子》中的一
些韻文段落的韻律形式和韻律風格與春秋時代末期的《詩經》相似，而不與戰
國中期的《楚辭》相似，這爲斷定《老子》的產生年代找到了一條新途徑。

1504　郭沂，從郭店楚簡《老子》看老子其人其書，哲學研究，1998（7）

　　　【解題】簡本《老子》是一部完整的《老子》傳本，雖然只有今本的五
分之二；簡本內容皆見於今本，這說明今本將簡本悉數納入。《老子》奠基者
是李耳老聃，總其成者是太史儋；楚簡《老子》出於老聃，帛書、今本《老
子》出於太史儋。今按：此說多出臆測。

1505　徐洪興，疑古與信古——從郭店竹簡本《老子》出土回顧本世紀關於
　　　老子其人其書的爭論，復旦學報，1999（1）

　　【解題】就 1993 年 10 月在湖北荊門郭店出土的戰國中期楚墓竹簡中
甲、乙、丙三組《老子》抄本，結合 1973 年冬在湖南長沙馬王堆出土的帛書
《老子》，對本世紀二、三十年代在「古史辨」思潮影響下，學術界關於老子
其人其書的時代、真偽等問題展開的那場聚訟，進行了回顧與反思。論述了
聚訟的緣起、過程；論辯雙方的立場、觀點；以及由於地下出土新資料而引
出的新結論。最後，文章總結了一些研究方法上的經驗教訓：（一）在對古代
歷史和文化研究時，盲目信古固然不足取，但疑古太甚同樣有害；「古史辨派」
在其研究中，往往是「大膽懷疑」有餘，而「小心求證」不足，武斷片面的
地方頗多，由此造成了不少「冤假錯案」。（二）在對哲學史、思想史研究中，
不能為了構建自己的解釋體系而犧牲歷史事實；僅僅根據自己一廂情願的理
解，來解釋哲學的歷史或思想的歷史，儘管或可把自己的解釋體系說圓說通
了，但其代價卻是把歷史說歪了。

1506　高晨陽，郭店楚簡《老子》的真相及其與今本《老子》的關係——與
　　　郭沂先生商討，中國哲學史，1999（3）

　　【解題】在簡本與今本關係上，存在著與郭文所說的全然不同的另一種
可能性：今本《老子》屬春秋末期的作品，為老聃所著；簡本源於今本，是
一個選編本。簡本確實是至今所見到的有關《老子》的最古老的資料，文字
也有優於今本之處，它可以彌補今本的某些不足，僅此而已。

1507　解光宇，郭店竹簡《老子》研究綜述，學術界，1999（5）

1508　尹振環，楚簡與帛書《老子》的作者和時代印記考，貴州文史叢刊，
　　　2000（2）；學術月刊，2000（4）

　　【解題】《老子》非作於一人，出於一時，非道家一本大雜膾書，而是
出於思想巨人之宏篇巨著，為其奠基者是李耳老聃，總其成的是太史儋。作
者先從二、三十年代之「早出說」與「晚出說」談起，認為各有所見有所蔽，
惟獨司馬遷既見於早出又似乎見於晚出，即肯定了老聃又未否定太史儋；之
後又列六證以證其簡本非節選本，列九證討論簡、帛本認識上的漸進性、過
程性、時代性。

1509　陳廣忠，從簡、帛用韻比較論《老子》的作者——與郭沂商榷，安徽

大學學報，2000（4）

【解題】郭店竹簡和馬王堆帛書《老子》，用韻完全相同，同爲一人所作；把簡、帛《老子》說成是老子、太史儋所作，是沒有任何根據的。

1510　鄭良樹，《金人銘》與《老子》，諸子著作年代考，北京：北京圖書館出版社，2001

【解題】該文考定《老子》與《金人銘》文字相同之處，認爲貴柔思想已經見於《金人銘》，《老子》不但引用《金人銘》，還推崇《金人銘》爲教父、聖人。

1511　熊鐵基、劉筱紅，論二十世紀二三十年代老子年代爭論背後的思想分歧，三峽大學學報，2001（5）

【解題】旨在揭示二十世紀二、三十年代關於老子其人其書的年代疑案的爭論背後所關涉的思想分歧。在當時特定的時代背景下，關於老子其人其書的年代問題，表面上看是一個史實的考證，深層次中卻透露了不同的文化理想，其間既有文化自由主義者爲打破儒學獨尊專制文化局面的努力，也有文化保守主義者爲維護中國文化傳統、堅守中國文化本位的主張的論爭，還有唯物史觀反對文化專制主義的鬥爭。

1512　孫以楷，今本《老子》的作者是太史儋嗎，學術界，2002（1）

【解題】老子學說的基本範疇「道」、「無」、「有」、「自然」和基本命題「道生萬物」、「道法自然」，在簡本、今本中是一致的，簡本、今本的著作權應都屬於老子。即使今本《老子》對簡本《老子》有所增益，但也沒有任何理由剝奪老子的著作權把它交給一個毫不相干的縱橫家陰謀權術之士太史儋。

1513　聶中慶，《老子》其書作者芻議，江漢大學學報，2003（1）

【解題】老子並非姓李名耳，《老子》的作者爲春秋末的老聃，老萊子、太史儋與《老子》一書並無干係；郭沂提出的楚簡《老子》的作者是老聃，今本《老子》的作者是太史儋的觀點，難以成立。

1514　孫海輝，《史記·老子列傳》中的老子世系考辨，管子學刊，2003（4）

【解題】根據《史記·老子列傳》中的老子世系並結合先秦及漢代史料，不能推導出太史儋爲老子的結論。老子世系並非爲太史儋所有，即使太史儋確實是五千言《老子》的作者。

1515 孫以楷，太史儋與《老子》無關——與郭沂先生商榷，安徽大學學報，
　　　2003（4）

【解題】第一部分對郭沂所提出的太史儋作今本《老子》的證據一一予
以辯析否定；第二部分探討了《老子》書的演變，以太史儋之前文獻中出現
的屬於今本《老子》中的文字證明今本《老子》非太史儋所爲；最後一部分
以李水海對今本《老子》中楚語考證爲據，坐實今本《老子》決非周人太史
儋所能爲。

1516 孫以楷，也談郭店竹簡《老子》與老子公案——與郭沂先生商榷，學
　　　術界，2004（2）

【解題】針對郭沂先生竹簡《老子》的作者是老聃，今本《老子》作者
是太史儋的觀點和簡本《老子》未曾被盜是足本→簡本《老子》與今本《老
子》在理論上有根本差別→簡本《老子》與今本《老子》作者不是一人的邏
輯思路，提出了完全相反的看法，認爲：簡本《老子》可能被盜→簡本《老
子》是節選本→簡本《老子》與今本《老子》的理論沒有根本差別→簡本、
今本的作者都是老聃。

1517 陸建華，讀《〈老子〉非成於一時，作於一人之自證》有感——兼爲孫
　　　以楷先生一辯，學術界，2006（2）

【解題】對尹振環證明簡本《老子》非節選本、《老子》不是成於一時
一人的二十六條證據提出疑義，在此基礎上，說明簡本《老子》是殘本，《老
子》的作者是老子（老聃）。

1518 陳文采，「老子年代」問題在民初（1919～1936）論辯過程的分析研究，
　　　臺南科大學報，2007（26）

1519 伏俊璉、王曉鵑，《老子》的作者及其成書時代，求是學刊，2008（2）

【解題】《老子》非一人一時一地寫成，是經過後學多次補充、加工、
闡釋、整理而成；《老子》最初由老聃口述大義，其後學整理成最早的傳本，
老萊子和太史儋是在流傳過程中的整理和再次加工闡釋者；《老子》初稿成於
春秋末，最後寫定在戰國末或漢初；李耳是漢人對老聃的另一稱謂。

1520 喻幾凡，老子不是李耳——老子考辨之一，湘潭大學學報，2008（2）

【解題】無論是從李姓起源的時間與由來、先秦稱人名書之例以及《老

子傳》中所載李耳與孔子後裔代數的差距來看，還是從先秦主要典籍中都無有關李耳的記載，更無老子、李耳互見的文獻來看，都可以肯定，老子並不是李耳。

1521　喻幾凡，老萊子即老子——老子考辨之三，求索，2009（5）

【解題】無論是從其人其書稱謂的所以然、孔子對他的評價和先秦舊籍中所引他與老子的言論對照來看，還是從其著作的内容、特徵和應有的價值與亡佚的可能性原因來分析，都可以得出同樣的結論：他就是老子，老萊子只是其自號，而老子則爲他人尊稱，先是並行，後被誤分；其書則因版本差異而分行，後在增益本大行的情況下亡佚。

1522　陳博，老子及其著述辨僞，唐都學刊，2009（1）

1523　朱建亮，《老子》一書的結構、語言和管理哲學的特色——三論老子其人其書，清遠職業技術學院學報，2011（4）

【解題】《老子》王弼本是國家圖書館歷經校對的本子，「道經」在前，「德經」在後；戰國楚簡本和漢代馬王堆帛書本屬民間傳抄本，頗多改動，有很多語氣詞屬民間傳抄時加的，《老子》的語言特色是押韻，不應有很多語氣詞。

1524　喻幾凡，汪中《老子考異》是非辨——老子考辨之四，湘潭大學學報，2013（3）

【解題】針對清人汪中的《老子考異》提出的「關於孔子問禮的是老聃；爲關尹著書的是太史儋；家於苦縣，也曾教過孔子，並且也曾被稱爲老子的是老萊子；三人之間並沒有聯繫」的三疑五證，認爲其三疑並不難作出解釋，而其五證則有得有失，並不能成爲定論，同時也並非完全沒有可取之處。

莊子

1525　顧頡剛，論《莊子》眞僞書，古史辨（第一冊），北京：樸社，1926

1526　周聞章，《莊子・天下篇》之管見，文學叢刊，1929（1）

1527　王先進，莊子考證，勵學，1933（1）

1528　孫道升，《莊子・天下篇》的作者問題，正風半月刊，1935（16）

1529　包笠山，《莊子・天下篇》研究，青年學術研究會季刊，1935（2）

1530　羅根澤，莊子外雜編探源，燕京學報，1936（19）；諸子考索，北京：

人民出版社，1958

1531　葉國慶，莊子研究，上海：商務印書館，1936

1532　傅斯年，誰是《齊物論》之作者，中央研究院歷史語言研究所集刊（第六本），1936

【解題】《齊物論》的作者是慎到，其論據爲王應麟以爲「齊物論」應爲「齊『物論』」，《天下篇》謂彭田慎「齊萬物以爲首」，《史記》説「慎到著十二論」。今按：此説難以成立。

1533　胡芝薪，莊子考證，文學年報，1937（3）

1534　羅倬漢，《莊子・天下篇》作於荀子後考，語言文學專刊，1940（1）

1535　王利器，莊子三十三篇本成立之時代，眞理雜誌，1944（3）；現代學報，1947（6～7）

1536　孔令谷，莊子年代的試探，新中華，1946（23）

1537　李衍隆，莊子著作之分期及其師承，新中華，1948（5）

1538　王昌祉，《莊子・天下篇》作者及其評莊老優勢，大陸雜誌，1960（12）

1539　任繼愈，《莊子》探源——老子探源之二，哲學研究，1961（2）

【解題】《內篇》不代表莊周思想，而是漢初後期莊學的作品，主要依據爲司馬遷所肯定的《莊子》篇目都不在《內篇》。

1540　關鋒，《莊子》外雜篇初探，哲學研究，1961（2）

【解題】內七篇是莊子作品，外、雜篇是戰國至漢初這個時期的、漢人稱之爲「道家」的一部總集，其中有一部分是莊子後學所作，有的是老子後學左派之作，有的是楊朱後學之作，也有宋尹後學之作，也有混入的與「道家」毫不相干的作品。

1541　馮友蘭，論莊子，人民日報，1961，2，26

【解題】研究莊子哲學應打破內、外、雜篇成見，以《逍遙遊》、《齊物論》爲主，延及外、雜篇中與這兩篇觀念相似的，都是莊子的思想，其他的則是莊子後學或道家別派的思想。

1542　楊榮國，莊子思想探微，哲學研究，1961（3）

1543　徐復觀，老子思想的發展與落實——莊子的「心」，中國人性論史・先秦篇，臺北：中央書局，1963；上海：上海三聯書店，2001

【解題】第一節「與《莊子》有關的問題」論及《莊子》眞偽。

1544　嚴靈峰，論《莊子・天下篇》非莊周自作，大陸雜誌，1963（1〜3）

1545　楊慶儀，《莊子》三十三篇眞偽問題，臺灣大學中研所碩士學位論文，1964

1546　夏靳，《莊子》三十三篇本成立之時代，大陸雜誌，1965（11）

1547　嚴靈峰，再論《天下篇》非莊周自作，大陸雜誌，1972（5）

1548　余嘉錫，《莊子》「內外篇」寓名鑿解，國立編譯館館刊，1977（1）

1549　張恒壽，論《莊子・天下篇》的作者和時代，中國哲學（第四輯），北京：三聯書店，1980

1550　劉笑敢，《莊子》內篇早於外雜篇之新證，文史，1983（18）
　　　【解題】以古漢語先有單音詞再有複合詞爲據，內篇只出現單音詞，外、雜篇使用了複合詞，由此認爲內篇爲莊周所作，外、雜篇晚出。

1551　程宜山，關於莊子的著作，中國哲學史論叢（第一輯），福州：福建人民出版社，1984

1552　劉笑敢，《莊子》成書年代考，中國哲學史研究，1984（4）

1553　王發國，從《呂氏春秋》、《韓非子》等書推測《莊子》之成書年代，西南民族學院學報，1986（3）
　　　【解題】不管是內篇、外篇還是雜篇，其編寫年代都應在《呂氏春秋》、《韓非子》之前，而有的篇章更在《荀子》之前。

1554　劉笑敢，莊子哲學及其演變，北京：中國社會科學出版社，1988

1555　王景琳，《莊子》內篇孔、顏形象考論——兼談《莊子》的成書時間，孔子研究，1991（3）

1556　崔大華，《莊子》考論，莊子研究，北京：人民出版社，1992

1557　李仁群，關於《老子》和《莊子》的結構與成書，安徽大學學報，1993（1）

1558　朱鋒，《莊子》眞偽的考論與思想系統的劃分，復旦學報，1995（5）；北方論叢，1996（6）
　　　【解題】有關莊學研究的爭論大多圍於對《莊子》文本眞偽的考論，從古代司馬遷與蘇軾到現代任繼愈，以內篇爲莊子自著，外、雜篇爲後學所著的觀點的對立，再到劉笑敢的統計法對傳統考據法的更新，都說明了他們是

帶著「先見」去著手考據的，這種帶有主觀性的考據不能作爲莊子思想研究的起點，《莊子》思想研究應從文本出發。作者從文本中的矛盾入手劃分出四個思想系統，並以此作爲切入點對這些思想系統進行研究，避免了莊學研究中因考證結論的不同而引出的《莊子》思想研究的爭論。

1559　王葆玹，試論郭店楚簡的抄寫時間與《莊子》的撰作時代——兼論郭店與包山楚墓的時代問題，哲學研究，1999（4）

　　【解題】郭店楚簡抄錄了《莊子・胠篋》已是可以肯定的，而《胠篋》在外、雜諸篇當中又爲時較晚，則抄寫者一定是處於《莊子》外、雜篇初期流行的時期。進而考訂《胠篋》當作於齊襄王「有齊國」或白起拔郢之後，齊襄王中期以前，是公元前 278 年至公元前 274 年的作品；早於《胠篋》的內七篇當撰於齊襄王元年以前，完成於齊宣王、愍王的時期，其爲齊愍王時期作品的可能性應是最大的；外、雜篇的絕大多數，時代應與《胠篋》接近，都作於齊襄王時期；外、雜篇中也有些爲時較晚，如《盜跖篇》提到周武王「後世絕滅」，則不得早於秦昭襄王五十二年（公元前 255 年）。文章還由郭店楚簡《老子》甲本的「絕智棄辯」、「絕僞棄詐」，到通行本《老子》的「絕聖棄智」、「絕仁棄義」，對孔子和儒家的態度的變化，聯想到《莊子》內篇對孔子持溫和態度，而外、雜篇激烈反孔，認爲內篇應代表莊周本人的思想立場，外、雜篇當是莊周後學者的手筆。

1560　王運生，《莊子・天下篇》的眞僞及學術價值，昆明師範高等專科學校學報，2000（3）

　　【解題】根據《莊子・天下》篇本身所表現出來的不批評儒家學派、批評墨家學派卻持儒家觀點而非道家觀點、自我批評說明莊子思想實質、置身老子一派等疑竇，斷言《天下》篇不是莊子作品，應是後人僞作。但也肯定它在論述先秦學術方面的歷史價值，並就其論道的觀點加以討論。

1561　王玉哲，評傅斯年先生《誰是〈齊物論〉之作者》，古史集林，北京：中華書局，2002

1562　廖群，莊子與老子關係的新審視——以《莊子・內篇》和簡本《老子》爲據，理論學刊，2005（11）

　　【解題】《內篇》作者莊子之所以不稱引《老子》，並非沒有見過《老子》書，而是他並不以老子爲師。通過對照簡本《老子》和《莊子・內篇》認爲

莊子吸收了《老子》書中的一些基本概念，但在許多方面都對《老子》有所超越，或迥異於《老子》，莊子是獨立不倚的思想家。

1563 楊憲益，《莊子》的原來篇目，譯餘偶拾，濟南：山東畫報出版社，2006

1564 馬振方，《莊子》「寓言」辨析，國學研究（第20卷），2007

【解題】現存《莊子》三十三篇既非一人之作，也非一時之作，旨趣與形式也多種多樣。其中《說劍》和《漁父》，都是全篇自成一體、首尾完整的單一敘事，自覺虛構性與非寓言性顯而易見，是地道的寓意小說。

1565 康慶，二十世紀關於《莊子》作者的考論，遼寧行政學院學報，2007（6）

1566 張松輝，莊子研究，北京：人民出版社，2009

1567 簡光明，《莊子》辨僞始於韓愈說之檢討，諸子學刊，2011（1）

1568 楊明，民國時期的《莊子·天下篇》研究，河北師範大學碩士學位論文，2014

1569 聶麟梟、聶中慶，《莊子·讓王》篇形成年代考略，西部學刊，2015（5）

【解題】考察《讓王》篇發現其中大部分文字又重出於《呂氏春秋》，認爲是《讓王》篇襲自《呂氏春秋》，由此推斷《讓王》篇形成的年代不會早於《呂覽》形成的年代。

莊子注、莊子序

1570 王利器，今本《莊子》郭象序非出子玄所撰考，圖書季刊，1947（3～4）

1571 嚴靈峰，爲郭象《莊子注》辯誣，中央時報，1968.9.26

1572 黃錦鋐，關於《莊子》向秀注與郭象注，淡江學報，1970（9）

1573 王利器，《莊子》郭象序的眞僞問題，哲學研究，1978（9）

1574 余敦康，關於《莊子》郭象序的眞僞問題，哲學研究，1979（2）

1575 韋政通，向郭注莊的疑案，中國思想史，臺北：大林出版社，1979

1576 胡江源，論向秀、郭象兩家《莊子注》的關係，成都大學學報，1981（2）

1577 楊明照，郭象《莊子注》是否竊自向秀檢討，燕京學報，1940（28）

1578 王曉毅，從郭象《莊子注》看《莊子序》的眞僞問題，文史，2002（4）

1579　黃聖平，所謂《莊子》郭象《序》作者辨正，中國哲學史，2003（2）

1580　李耀南，難「《莊子序》非郭象所作說」──兼與王曉毅和黃聖平二位先生商兌，中國哲學史，2005（2）

1581　韓國良，也談《莊子序》的眞僞問題──兼論郭象「獨化論」在當時缺乏回應的原因，咸陽師範學院學報，2007（3）

1582　姜龍翔，郭象《莊子序》眞僞問題續探，國文學報，2010（48）

　　【解題】在《宋會要輯稿》所載北宋初年對郭象《莊子序》眞僞存廢的一段爭論記錄，並從序文與注文思想要點上的不同基礎上，藉由比較《莊子序》最後一段文字與《世說新語》注引戴逵《竹林七賢論》評向秀之語之間的異同，論證今本《莊子序》乃脫胎於戴逵之文字，從而得出《莊子序》當爲東晉晚期之後的作品，並非郭象所作之結論。

1583　李耀南，難「《莊子序》非郭象所作」說，華中國學，2015（1）

　　【解題】王利器據《宋會安輯稿》的一條記載否定《莊子序》爲郭象所作。王曉毅和黃聖平分別在《文史》和《中國哲學史》上撰文，或將史料與學理相結合，或專就學理分析以證《莊子序》非郭象所作。然就已有的史料否定《莊子序》爲郭象所作，其根據殊不充分；就學理而言，《莊子序》與郭象的《莊子注》並未存在二文所指出的那些矛盾。故此郭象是爲《莊子序》的作者，這一點依然無法否定。

列子

1584　馬敘倫，列子僞書考，國故，1919（1～3）；古史辨（第四冊），北京：樸社，1933

1585　陳旦，《列子·楊朱篇》僞書新證，國學叢刊，1924（1）

1586　陳文波，僞造《列子》者之一證，清華學報，1924（1）；古史辨（第四冊），北京：樸社，1933

1587　劉清汾，列子僞書考，滬江大學月刊，1930（2）

1588　武內義雄，列子冤詞，先秦經籍考，上海：商務印書館，1931

1589　陳魯成，列子考僞，滬江大學月刊，1934（1～2）

1590　汪儒靜，《列子》僞書考，中央日報，1947，11，7

1591　施之勉，《列子》非晉人僞作，東方雜誌，1948（2）

1592　岑仲勉，《列子》非晉人僞作，東方雜誌，1948（1）

1593 楊伯峻，從漢語史的角度來鑒定中國古籍寫作年代的一個實例──《列子》著述年代考，新建設，1956（94）

1594 岑仲勉，再論《列子》的眞僞，安徽大學學報，1957（1）

1595 季羨林，列子與佛典，中印文化關係史論叢，北京：人民出版社，1957；季羨林學術論著自選集，北京：北京師院出版社，1991

1596 嚴靈峰，《列子新書》辨惑──辨《列子》書不後於《莊子》書，大陸雜誌，1959（11～12）

1597 朱守亮，《列子》辨僞，臺灣師範大學國文研究所集刊（第 6 輯），1962

1598 徐復觀，道家支派及其末流的心性思想，中國人性論史・先秦篇，臺北：中央書局，1963；上海：上海三聯書店，2001

【解題】第二節「楊朱及《列子》中的《楊朱篇》」論及《列子》眞僞，認爲《列子》爲秦漢之際治黃老者所纂輯而成，其中有先秦的材料，也有漢初的材料。

1599 陳玉臺，《列子》一書之眞僞及其思想考述，學粹，1973（2）

1600 楊伯峻，列子集釋，北京：中華書局，1979

【解題】該書附錄三中有關辨僞的章目錄於下：

（十六）陳三立《讀列子》

（十七）梁啓超《古書眞僞及其年代》（摘鈔）

（十八）馬敍倫《列子僞書考》（節錄）

〔附〕日本武義內雄《列子冤詞》（節錄）

（十九）顧實《漢書藝文志講疏》（摘鈔）

（二十）呂思勉《列子解題》

（二十一）劉汝霖《周秦諸子考》（摘鈔）

（二十二）陳旦「列子楊朱篇」僞書新證（節錄）

（二十三）陳文波僞造「列子」者之一證（節錄）

（二十四）楊伯峻「列子」著述年代考

1601 劉禾，從語言的運用上看《列子》是僞書的補證，東北師大學報，1980（3）

1602 陳連慶，《列子》與佛教的因襲關係，社會科學戰線，1981（1）

1603 振亞，從語言的運用角度對《列子》是託古僞書的論證，四平師院學

報，1982（2）

1604　嚴靈峰，《列子》辨誣及其中心思想，臺北：時報文化出版事業有限公司，1983

1605　嚴北溟、嚴捷，《列子》真偽及其思想價值平議，中華文史論叢，1985（2）

1606　车鍾鑒，對《列子》再考辨與再評價，文史哲，1986（5）

【解題】《列子》是魏晉人所託，含有先秦古《列子》及秦漢的若干思想資料，而思想體系是屬於魏晉時期的，並對多年來的《列子》研究存在的問題進行了闡述。

1607　羅漫，《列子》不偽和當代辨偽學的新思維，貴州社會科學，1989（2）

1608　周紹賢，《列子》探微，臺北：文津出版社，1990

1609　馬達，火浣布·皇子·魏文帝——兼論《列子》非魏晉人所作，衡陽師專學報，1990（5）

【解題】《列子·湯問篇》末章有關於「火浣布」的記載，最早出於《周書》；《列子》和《博物志》所記都本於《周書》，西晉的張華和東晉的張湛都看到過這部《周書》。此外，記載火浣布的古籍還有很多，其中特別引起學術界注意的是《搜神記》、《抱朴子》、《顏氏家訓》，不斷有人將其與《湯問》篇末章對照比附，定《列子》為後出偽書。其實，《湯問》篇言火浣布，不但不能像俞正燮所說的那樣，推知「《列子》晉人王浮、葛洪以後書也」，恰恰相反，只能由此證明《列子》確是戰國時人所作。

1610　許抗生，《列子》考辨，道家文化研究（第一輯），上海：上海古籍出版社，1992

1611　王強模，《列子》及作者考略，貴州師範大學學報，1993（2）

1612　嚴靈峰，列子辯誣及其中心思想，臺灣：文史哲出版社，1994

1613　馬達，《列子》「辨偽文字輯略」匡正，衡陽師專學報，1995（2）

【解題】對有關《列子》一書的「辨偽文字輯略」的唐宋元明部分，根據柳宗元、朱熹、高似孫、葉大慶、黃震及宋濂的論述，逐一予以匡正，從而得出《列子》並非偽書的結論。

1614　馬振亞，《列子》中關於稱數法的運用——兼論《列子》的成書年代，東北師大學報，1995（2）

1615　馬達，魏文不信火浣布《列子》眞偽，常州工業技術學院學報，1995
　　　（3）

　　　【解題】魏文帝不信火浣布事，根本不是事實，《列子・湯問篇》言火浣布，不但不能推知《列子》是魏晉人所作的偽書，恰恰相反，只能由此證明《列子》確是戰國時人所作。

1616　馬振亞，從詞的運用上揭示《列子》偽書的眞面目，吉林大學社會科
　　　學學報，1995（6）

　　　【解題】從漢語史及詞彙角度來考察，認爲《列子》中出現的「蘭」、「住」、「憾」三個字所使用的詞義，實乃晉代以後才出現的詞義，足證《列子》乃東晉的偽作，而非先秦典籍。

1617　胡家聰，從劉向的敘錄看《列子》並非偽書，道家文化研究（第6輯），
　　　上海：上海古籍出版社，1995

1618　陳廣忠，爲張湛辯誣——《列子》非偽書考之一，道家文化研究（第
　　　10輯），上海：上海古籍出版社，1996

1619　陳廣忠，列子三辨——《列子》非偽書考之二，道家文化研究（第 10
　　　輯），上海：上海古籍出版社，1996

1620　陳廣忠，從古詞語看《列子》非偽——《列子》非偽書考之三，道家
　　　文化研究（第10輯），上海：上海古籍出版社，1996

1621　馬達，從漢語史的角度論《列子》非魏晉人所偽作（下），棗莊師範專
　　　科學校學報，1996（4）

　　　【解題】從漢語史的角度鑒定中國古籍的眞偽及其寫作年代，只能在一定範圍、一定程度上使用，濫用這種方法是不可靠的，甚至是有害的。以上二文對楊伯峻《從漢語史的角度來鑒定中國古籍寫作年代的一個實例——〈列子〉著述年代考》一文所舉證明「除掉得出《列子》是魏晉人的贗品以外，不可能有別的結論」的五例逐一加以檢核，認爲這五例都是錯誤的，其結論也是不能成立的；反而通過核檢，從反面有力地證明了《列子》決不是魏晉人所偽作而是先秦古籍。

1622　馬達，論《列子》非張湛所偽作，湖南教育學院學報，1997（1）

　　　【解題】《列子》一書從南宋開始就有人懷疑是偽書，近現代學者多認爲它是魏晉人所偽造，主張是張湛偽造者尤多。作者從四個方面（張湛注《列

子》；張湛不懂《列子》中的某些詞義與典故；張湛糾正《列子》中的用字；張湛對《列子》原文有質疑與批判）推斷其非張湛僞造，進而認爲《列子》可能不是僞書。

1623　馬達，《列子》與《周易乾鑿度》——馬敍倫《列子僞書考》匡正之一，常州工業技術學院學報，1997（1）

【解題】張湛活動的東晉時期，緯書的地位雖然不如東漢時那樣顯赫，但仍然受到尊崇。張湛還沒有認識到《周易乾鑿度》是託名孔子的僞書，認爲書中託名孔子的話都是聖訓。孔子先於列子，張湛就據此認爲《周易乾鑿度》先於《列子》了。所以他說《天瑞篇》「昔者聖人因陰陽以統天地」，「此一章全是《周易乾鑿度》也」。他沒有想到緯書會大量僞造孔子的話，更沒有想到《周易乾鑿度》會剽竊《列子》，並把列子的話說成是孔子的話。因此，張湛此注不僅不能證明《天瑞篇》抄襲《周易乾鑿度》，反而可以看出張湛決非《列子》的僞造者，他注《列子》是非常愼重、嚴謹的。

1624　馬達，論《列子》書先於《呂氏春秋》——馬敍倫《列子僞書考》匡正之一，張家口師專學報，1997（2）

【解題】通過對《列子》與《呂氏春秋》基本相同、一部分相同、只是極少部分相同者，實事求是地逐一進行比較研究之後，匡正馬敍倫《列子僞書考》認爲《列子》是魏晉以來好事之徒聚斂了包括《呂氏春秋》在內的諸家之言而成這一論點，得出《列子》書先於《呂氏春秋》的結論。

1625　馬達，論《列子》書先於《淮南子》——馬敍倫《列子僞書考》匡正之一，常州工業技術學院學報，1997（3）

【解題】《列子》先於《淮南子》，《列子》確係先秦著作；張湛《列子序》中說《淮南子》「多稱其言」，是完全符合事實的；馬敍倫《列子僞書考》認爲《列子》是魏晉以來好事之徒聚斂了包括《淮南子》在內的諸家之言而成的僞作的論斷，只是毫無根據的臆說。

1626　馬達，張湛《列子注》與《列子》在義理上的矛盾，北方工業大學學報，1997（4）

【解題】將張湛《列子注》與《列子》原文加以對照，發現張湛在《列子注》中所體現的思想與《列子》原文的思想差別很大，有的注文與原文沒

有絲毫關係甚至截然相反。張湛《列子注》與《列子》原文在義理上即在思想上有這樣大的矛盾，這是《列子》書不是張湛所僞造的內證。

1627 馬達，「儒生之名」與「顏淵之壽」考異——馬敘倫《列子僞書考》匡
正二題，張家口師專學報，1998（1）

【解題】馬敘倫《列子僞書考》對《列子》一書提出二十條質疑以確證其僞書，而作者認爲這二十條都經不起歷史文獻和事實的檢驗，並對「儒生之名」和「顏淵之壽」兩條進行匡正。

1628 譚家健，《列子》書中的先秦諸子，管子學刊，1998（2）

1629 張永言，從詞彙史看《列子》的撰寫時代——爲祝賀季羨林先生八十
華誕作，語文學論集（增補本），北京：語文出版社，1999

1630 胡家聰，《列子》是早期的道家黃老學著作——兼論稷下黃老學之興起
高潮，管子學刊，1999（4）

1631 馬達，劉向《列子敘錄》非僞作，河南大學學報，2000（1）

【解題】清以前無人懷疑過劉向《列子敘錄》爲僞作，康熙年間姚際恒懷疑《列子敘錄》非劉向所作，以後持此觀點的還有馬敘倫、顧實、呂思勉、陳旦。經作者一一考證，認爲以上五家的懷疑，或是只憑想當然的猜測，或是以偏概全，攻其一點，不計其餘，其理由皆不能成立。結論：劉向的《列子敘錄》絕非僞作。

1632 馬達，從寓言文學史的角度論證《列子》非魏晉人僞作，常州工業技
術學院學報，2000（3）

【解題】《列子》一書主要由寓言組成，魏晉時代沒有哪一位作家或玄學家能寫出列子寓言，魏晉時代不可能出現列子寓言，也就是說，魏晉時代沒有哪一位作家或玄學家能夠僞造出《列子》。從寓言文學發展史的角度看，《列子》只能是戰國時代的作品，絕對不可能是魏晉時代的作品。

1633 馬達，《列子》眞僞考辨，北京：北京出版社，2000

1634 鄭良樹，從重文的關係論《列子·黃帝》的流傳，諸子著作年代考，
北京：北京圖書館出版社，2001

【解題】該文認爲《黃帝》在《莊子》之前，已以單篇的形式流傳開來，爲士林所共見，也許它是《列子》八篇中最早的一篇。

1635　鄭良樹，論《列子・湯問》的成篇時代，諸子著作年代考，北京：北京圖書館出版社，2001

【解題】《列子・湯問》篇除第十七段「火浣布」疑爲張湛臨時抄入以足篇幅之外，其他十六段都應是戰國末、西漢初的文字。

1636　鄭良樹，從重文的關係論《列子・說符》的流傳，諸子著作年代考，北京：北京圖書館出版社，2001

【解題】《列子・說符》的下限最遲應該是西漢早期《淮南子》寫作的時代。

1637　鄭良樹，《列子》眞僞考述評，諸子著作年代考，北京：北京圖書館出版社，2001

【解題】《列子》眞僞及成書時代的複雜，過去的辨僞方法無法細緻地、周全地應付，因而引起莫大的爭議，而得到的結論也分歧特大；晚近數十年來，由於地下材料的出土，使我們對古籍的資料來源及成書過程有更深一層的認識，因而啓發了我們對古書眞僞、成書年代考訂方法的更新。《列子》篇章各有特色，恐非出於一手，不能因一兩處或一兩篇就判定全書爲僞；在研究其成書時代時，應該以篇爲單位，逐章逐篇地分析和研究，並逐章逐篇地作判斷，才能縮窄爭議，得出比較公允的結論。

1638　鄭良樹，《列子》成書時代研究管窺，諸子著作年代考，北京：北京圖書館出版社，2001

【解題】《列子》一書固然有後人附入的材料，卻也保存了至少是劉向定本前的文字，甚至更原始的材料。古籍的編集及流傳是一個很複雜的過程，像《列子》這樣的奇書，經過時人的「污染」，又經過張府多人的整理，其複雜更是意料中事。根據書內幾個詞語的用法就判定全書爲僞，與過去學者根據書中幾個問題就否決全書實在沒有差別，隨著越來越多的地下材料的出土，這種以偏概全的考證方法，越來越無法令人信服。個別篇章及個別段落的考慮，應該是探討《列子》及其他古籍眞僞課題的上策。

1639　鄭良樹，從成書過程論古籍眞僞的考訂——以《列子》爲例，王叔岷先生學術成就與薪傳研討會論文，2001

1640　權光鎬，從語言文字方面看《列子》眞僞問題——對《列子》是魏晉

人僞作觀點的質疑，山西大學學報，2002（4）

【解題】《列子》基本上是一部先秦著作，楊伯峻《從漢語史的角度來鑒定中國古籍寫作年代的一個實例——〈列子〉著述年代考》列舉「數十年來」、「舞」、「都」、「所以」、「不如」五個語詞，就因此斷定《列子》是魏晉人的僞作，這種觀點是不正確的。

1641 管宗昌，《列子》中無佛家思想——《列子》非僞書證據之一，大連民族學院學報，2004（2）

【解題】大膽質疑《列子》僞書説，分析僞書説的一些重要論據，指出其諸多紕謬，認爲《列子》與佛教並無關係，《列子》中無佛家思想。

1642 管宗昌、楊秀蘭，《列子》研究綜述，大連民族學院學報，2006（2）

【解題】對《列子》的研究的形式、階段和特點進行了全面的總結考察，並試圖指出《列子》在未來的研究方向：對僞書應該有全新的認識，不必視之爲洪水猛獸，全盤否定的方式是不可取的；僞書只是我們對古籍的一種界定，即便是僞書也是古籍，它承載著古籍的價值，在這一層面上，我們完全可以進行正常的研究和利用；對於《列子》思想和價值的開掘完全可以打開思路，暫且不顧慮其眞僞問題，在研究的過程中充分開掘材料的價值，通過對文本的深入研究把握《列子》的時代、思想承繼、與其他史料的參照等基本問題，這也無疑是進行考辨最具説服力的證據。

1643 管宗昌，《列子》僞書説述評，古籍整理研究學刊，2006（5）

【解題】「《列子》僞書」諸説的證據可以大體上可以分爲兩大類：一是從與《列子》的外圍入手考察其時代背景、創作流傳，二是從《列子》的文本入手考察其文句、用語、具體名物制度等。該文爬梳了歷代僞書説立論的最爲重要的七個環節性問題（一、今傳《列子敍錄》中列子的年代有疑問；二、太史公不爲列子立傳；三、《列子》書中表現了不可能出現於先秦時代的佛家思想；四、《列子》中出現了晚於列子的人物；五、《列子》剽竊了其他古籍；六、對劉向《列子敍錄》的懷疑；七、對張湛注前序文表示懷疑），認爲許多僞書説論者存在先入爲主的態度，在某一觀念下有選擇的尋找「證據」，牽強附會，缺乏系統深入地論證和具體的論據，很多結論往往是感受性的或者是直接得出的；在方法上也存在越級思維、自相矛盾、偷換概念、循環論證等一系列問題。總之，對於古籍的考辨在態度上要平實，在方法上要

嚴密，在論證上要周備，在論斷上要謹慎，這樣才能眞正得出合理的結論，才能還古籍以本來的面目。此外，對僞書也應該有全新的認識，打開思路、靈活地、最大限度地開掘古籍的價值。

1644　李彬源，《列子》考辨三題，福建師範大學碩士學位論文，2006

1645　張永言，從詞彙史看《列子》的撰寫時代，漢語史學報（第六輯），上海：上海教育出版社，2006

【解題】從漢語詞彙史的角度，就《列子》在用字、用詞上的某些特殊現象，特別是書中所見晚漢魏晉時期的新詞新義，進行探討，來補充前人關於《列子》是出於晉人之手的僞書的論證。今按：只能證明局部之僞。

1646　鄭良樹，論近世古籍眞僞學的兩個趨勢——以《列子》爲例，南方學院學報，2006（2）

1647　吳萬和，從中古漢語詞彙語法現象看《列子》是託古僞書，江西省語言學會 2007 年年會論文集，2007

1648　程水金，《列子》考辨述評與《列子》僞書新證，中國哲學史，2007（2）

【解題】今本《列子》既非成書於先秦，亦非《漢志》著錄之舊，實乃東晉張湛所僞造。

1649　李春豔，列子其人其書眞僞之我見，白城師範學院學報，2008（1）

【解題】列子屬於先秦諸子中的道家，崇尚清虛無爲，順性體道。其書在漢初盛行，漢武帝「獨尊儒術」而散落民間，西漢末劉向校理群書時，將其整理定著八篇，因其學說在當時影響不大而散佚。今本《列子》因晉人張湛注得以流傳於後世，輾轉流傳中雜有魏晉人增補的成分，因此引發後人對其書的眞僞之辨。其書在内容上以先秦《列子》原書爲本，保存著許多已經亡佚的珍貴史料，又含有魏晉的哲學思潮，使得其書兼具先秦及魏晉的雙重思想價值。

1650　安東，劉向《列子敘錄》眞僞考辨，井岡山學院學報，2009（2）

【解題】學界對張湛注《列子》所附《列子敘錄》存有質疑，認爲非劉向所作，是後世僞造。該文對歷代質疑進行一番考辨後認爲，流傳至今的《列子敘錄》確實出自劉向之手。

1651　陳亞琳，談《列子》爲魏晉時僞書，安徽文學，2009（6）

【解題】在《列子》中發現了一些晚漢魏晉時期的新詞新義，爲張永言《從詞彙史看〈列子〉的撰寫時代》考察的詞語補充例證。

1652　吳萬和，從詞彙語法角度考辨《列子》僞書實質，江西師範大學碩士學位論文，2009

1653　王東，從詞彙角度看《列子》的成書時代補證，古漢語研究，2009（1）

【解題】從詞彙的角度論證《列子》中有一些晚漢魏晉時期的詞語，如「空中」、「倒錯」、「陽光」、「百口」、「慰喻（諭）」、「設令」，證實《列子》爲晉人僞作。今按：只能證明局部之僞，不足以證明全書之僞。

1654　馬振方，《列子》寓意文體辨析，北京大學學報，2009（5）

【解題】雖然《列子》作僞的論證實例雖多，卻都只能證明其局部之僞，迄今還無法證明全書都是魏晉人的僞造，因爲：（1）《漢書·藝文志》道家類載《列子》八篇，張湛注的《列子》是否保有《漢志》舊篇，誰也無法斷言。（2）由於張湛對其所注《列子》既有不解，又有反駁，從而基本排除了注者自作的可能性；而張序所述《列子》係由三家書湊合而成就屬可信，這就大大增加了眞僞混雜的可能性。（3）《列子》全書135章，除去辨僞者指出的很大一部分出於《莊子》等魏晉以前之書，還有大半不與現存的他書重複、雷同者，它們既可能是魏晉人的作僞，也可能出自先秦兩漢已佚之書，還可能是《漢志》所載《列子》的舊篇，更可能是其中二者或三者兼而有之。由於《列子》眞僞問題有其自身的複雜性，論辯至今還在繼續，辨僞與辯証很難達成共識酌結論。該文研討《列子》敘事之文的諸種文體，在明確寓意小品、寓意小說與寓言區別的基礎上，辨析三者特別是前兩者的具體文本和多種形式，以明瞭《列子》非古寓言集，乃繼《莊子》之後又一部含蘊多種寓意文學之子書，與《莊子》構成我國早期寓意文學的雙璧。今按：此論最爲持平。

1655　王東，從詞彙角度看《列子》的成書時代再補證，許昌學院學報，2010（4）

【解題】《列子》是晉人的僞作，然而從語言史的角度提供的證據仍顯不足。作者從詞彙的角度考論可知書中有「播遷」、「彌廣」、「不可稱計」、「斃」、「清貞」、「乞兒」、「不可勝言」、「兒童」、「消滅」等晚漢魏晉時期的詞語，爲前賢的觀點補充一些論據。今按：只能證明局部之僞。

1656　楊孟晟，從《列子》天人觀念看其思想所屬時代，文教資料，2010（31）
　　　【解題】《列子》的哲學觀念不同於魏晉玄學家，更近於早期的原始道
家；從其天人觀基本傾向來看，《列子》一書的思想淵源很古老，與後世的思
想觀念不相符合；今本《列子》一書文氣簡勁宏妙，思想首尾一貫，自成一
家之言，不是後人所能憑空僞造。

1657　徐曼曼、王毅力，從詞彙史看《列子》的成書年代補略，西南交通大
　　　學學報，2011（2）
　　　【解題】對《列子》「播遷」、「放生」、「附（撫）膺」、「孩抱」、「積年」、
「解顏」、「居產」、「難色」、「窮毒」、「鄰居」、「呻呼」、「施爲」、「曉悟」、「意
慮」、「稚齒」、「經涉」等16個中古時期的新興詞語進行考察，結果證明《列
子》成書於東漢以降、魏晉時期。今按：只能證明局部之僞。

1658　劉林鷹，《列子》抄襲佛經論三個硬據之駁議，文史博覽，2011（4）
　　　【解題】《列子》抄襲佛經論的三個硬據（即偃師木人例、後箭射中前
箭例、趙簡子「放生」例）皆不能作爲證據而成立，因此不能以《列子》抄
襲佛經爲據而推斷《列子》之爲僞作。

1659　左福生，內觀、自忘、安時與縱慾：《列子》求樂釋憂的四種範式——
　　　兼論《列子》一書的眞僞問題，重慶師範大學學報，2012（3）
　　　【解題】在構築無憂無悶的人生之境問題上，《列子》給出的內觀、自
忘、安時與縱慾四種範式，對比儒家重人倫、守道義的求樂思想，其求樂釋
憂的方式顯得曠達而近於理想化，與老莊虛無保眞思想近於一路。這四種範
式互爲表裏、彼此呼應，在本質上呈現精神旨趣的一致性和哲學思理的邏輯
性，因此《列子》一書的思想主體來源於列子，而樂生觀便是貫穿其思想體
系的一條紅線。

1660　劉佩德，列子學研究，華東師範大學博士學位論文，2013
1661　龔玲玲，從年齡稱數法探微《列子》的眞僞，齊齊哈爾大學學報，2013
　　　（2）
　　　【解題】運用定量分析的方法，對《列子》一書中十五例年齡稱數法進
行歸納、總結，並與先秦時期漢語中的年齡稱數法及《世說新語》中年齡的稱
數法進行比較，在前人基礎上，補證《列子》非先秦作品而是魏晉之人託古。

1662　姚怡君，民國《列子》「偽書說」之探究，寫作，2016（7）

　　【解題】民國對《列子》的研究主要集中在真偽考辨上，學界普遍認為它是魏晉人偽託之書。本文將從「偽書」的定義出發，探討《列子》真偽考在民國興盛的原因；並認為《列子》「偽書說」需重新審視，以及我們後代要正確認識《列子》的古書價值。

1663　范子燁，「機關木人」與「愚公移山」：季羨林《列子》成書於西晉說
　　　續貂，中國文化，2016（1）

1664　馮廣宏，《列子》真偽疑辨，文史雜誌，2016（2）

1665　周書燦，再論中國古典學重建問題——以列子時代考訂與《列子》八
　　　篇真偽之辨為例，浙江社會科學，2017（8）

　　【解題】自 1935 年 5 月馮友蘭陸續闡發的「信古、疑古、釋古」說，曾在中國學術界引發長期的爭議，並直接影響到 20 世紀 90 年代以來中國古典學理論的建構。從中國學術史上有關列子時代考訂和《列子》八篇的真偽之辨，可以清晰地看出，除了明清民國時期，存在極端疑古的不良傾向外，總體而論，從信中有疑到考而後疑與考而後信兩種傾向並存，「信」與「疑」始終沒有呈現出絕對的分離狀態。簡單地將「信」和「疑」對立起來，注定很難準確揭示出紛繁複雜的古史、古書的歷史實際，自然也很難談到在真實可信的史料基礎上進行古典學重建問題。新時期學術界關於浙大簡、清華簡、北大簡真偽的激烈論辯，為新時期中國古典學的重建問題提出一極有價值的啟示：對古史古書的審查，是重建古典學的基礎，不對新舊史料進行科學的「澄濾」，曲解與割裂信古、疑古、釋古之間的關係，必會將中國古典學重建引向新的誤區。今按：此論甚為宏通。

1666　劉群棟，從《文選》李善注看《列子》並非偽書，中州學刊，2018（10）

　　【解題】《列子》是先秦道家典籍，是列子門人記錄列子思想的著作。《列子》在流傳過程中經過後人整理附益，增加了一些晚出的內容，因而導致部分學者懷疑《列子》是偽書，「偽書說」者多認為魏晉人作偽。從《文選》李善注引用《列子》條目來看，《列子》在兩漢魏晉直至南朝宋齊梁期間一直流傳有序，西漢、東漢、曹魏、西晉、東晉很多作家都曾引用過《列子》，其中尤以張衡、曹植、嵇康、左思、張協、潘岳、陸機引用次數較多。結論：從西漢到東晉《列子》一直流傳有序，魏晉間有人作偽之說難以成立。《列子》

既然不是偽書，其價值和地位也應該重新評價。

1667　劉固盛、李海傑，老學史中的楊朱思想——兼論《列子》書非偽，湖南大學學報，2018（1）

道德指歸論

1668　嚴靈峰，辨嚴遵《道德指歸論》非偽書，大陸雜誌，1964（4）

1669　王利器，道藏本《道德眞經指歸》提要，中國哲學（第4輯），北京：三聯書店，1980

1670　鄭良樹，從帛書老子論嚴遵《道德指歸論》之眞偽，文字學研究（第十輯），北京：中華書局，1982

1671　鄭良樹，論嚴遵及其《道德指歸》，老子論集，臺北：世界書局，1983

1672　嚴靈峰，嚴遵《老子指歸》中總序與說目的眞偽問題，大陸雜誌，1982（2）

1673　李學勤，嚴遵《指歸》考辨，歷史文獻研究（北京新6輯），北京：北京師大出版社，1995；古代文獻叢論，上海：上海遠東出版社，1996

【解題】嚴遵《指歸》一書原非注體，另有其《老子注》二卷，亡於陳、隋之際。《指歸》十四卷，谷神子注本不單計序文，爲十三卷；此書北宋尚全，南宋初已甚罕見。至南宋晚年，前六卷已佚，有人據殘本加以「說目」、「總序」；明代又有人將缺去末卷之本改爲一至六卷，又僞續「說目」注文爲「谷神子序」，可稱是殘本的殘本。

1674　樊波成，《老子指歸》當爲嚴遵《老子章句》——嚴遵《老子注》的發現以及《老子指歸》的性質，中國典籍與文化，2013（1）

【解題】嚴遵《老子指歸》不是僞書，今道藏本《老子指歸》不僅有《指歸》，也附有《老子》經文和注文；該注文通篇押韻，參其用韻特徵和用字特徵，可知作於西漢蜀楚之地，亦爲嚴遵親撰，也就是過去認爲已經亡於六朝隋唐的「嚴遵《老子注》」。由於東漢以後「注」體大行其道，導致兩漢各種「章句」著作被肢解和刪削。嚴遵《老子注》以析句和陳述義理爲主，是「章句」體式中「句」的部分；而「指歸」即「章指」，是「章句」體式中「章」的部分；故而《老子指歸》當定名爲嚴氏《老子章句》。

1675　樊波成，道藏本《老子指歸》序、目眞僞重探——兼論西漢嚴遵本《老

子》的上下經次序，文獻，2014（2）

1676 嚴一欽，《老子指歸》的偽書問題，通化師範學院學報，2015（1）

【解題】《老子指歸》的作者舊題爲嚴遵。自從明清以來，常有學者認爲現存《老子指歸》是偽書。在綜合前人研究的基礎上，逐條詳細辨析前代學者指出該書是偽書的論點，最後得出前人指證該書是偽書的論點是不能成立的結論。另外，還試圖從思想文化以及《老子指歸》上下篇順序的角度，旁證現存《老子指歸》作者當爲嚴遵。

文子

1677 諸祖耿，文子考，蘇中校刊，1934（95～97，99）

1678 祖耿，文子篇目考，振華季刊，1934（3）

1679 唐蘭，馬王堆出土《老子》乙本卷前古佚書的研究，考古學報，1975（1）

1680 艾力農，《文子》其書，光明日報，1982.5.22

1681 江世榮，先秦道家言論集、《老子》古注之一——《文子》述略，文史，1983（18）

1682 吳光，文子新考，河北師院學報學報，1984（2）；古書考辨集，臺北：允晨文化實業股份有限公司，1989

1683 李定生、徐慧君，論文子，文子要詮卷首，上海：復旦大學出版社，1988

1684 盧仁龍，《文子》其書，文史知識，1989（2）

1685 王三峽，《文子》韻讀所顯示的方言時代特點，荊州師專學報，1993（1）

1686 李定生，《文子》非偽書考，道家文化研究（第 5 輯），上海：上海古籍出版社，1994

1687 李學勤，帛書《道原》研究，馬王堆漢墓研究文集，長沙：湖南出版社，1994

1688 李學勤，《老子》與八角廊簡《文子》，中國哲學史，1995（3～4）

1689 河北省文物研究所定州漢簡整理小組，定州西漢中山懷王墓竹簡《文子》釋文，文物，1995（12）

1690 河北省文物研究所定州漢簡整理小組，定州西漢中山懷王墓竹簡《文子》校勘記，文物，1995（12）

1691　河北省文物研究所定州漢簡整理小組，定州西漢中山懷王墓竹簡《文子》的整理和意義，文物，1995（12）

1692　李學勤，試論八角廊簡《文子》，文物，1996（1）

1693　張岱年，試談《文子》的年代與思想，張岱年全集（第 7 冊），石家莊：河北人民出版社，1996

1694　陳廣忠，今本「文子」抄襲論──竹簡《文子》研究之二，學術研究，1996（7）

1695　張傑、鄭建萍，《文子》古今本成書年代考，管子學刊，1997（4）

1696　譚家健，《文子》成書時代瑣議，長沙電力學院學報，1998（2）

【解題】《文子》的主體部分在戰國後期已成書，是道家後學託名文子而作。從思想體系和文化背景看，該書以「道」爲核心而又承認仁義道德，對「道」的解釋當在黃老帛書《道宗》之後，《淮南子·宗道訓》之前，其君權起源論繼承《墨子》、《管子》，影響《淮南子》；其著作體載屬於語錄加問對，當在孟子之後，荀子韓非子之前；今傳本補充修改了竹簡本，當在東漢之後，定稿可能要到六朝。

1697　張豐乾，試論竹簡《文子》與今本《文子》的關係──兼爲《淮南子》正名，中國社會科學，1998（2）

【解題】竹簡《文子》與今本《文子》以及它們與《淮南子》的關係問題，涉及先秦和兩漢兩個時代的哲學格局，不得不察。竹簡《文子》的出土證明《文子》原書當出於戰國後期，或者更晚；今本《文子》確有來源，但二者從形式到內容相去甚遠，不可混爲一談。對比二者的異同，不難發現今本必晚出於竹簡本，且今本的出現不會早於東漢前期，《淮南子》不可能抄襲今本《文子》，它和竹簡《文子》也沒有多少直接聯繫；古本《文子》在流傳過程中散佚嚴重，是後人大量抄襲《淮南子》以做補充，而非《淮南子》抄襲《文子》。搞清這些問題是進一步研究《文子》的基礎，我們固不能疑古過勇，但也不要輕言某書是「先秦古籍」或「西漢已有」，「走出疑古時代」的腳步應堅實一些。

1698　張豐乾，關於「韓非讀過《文子》」及其他，管子學刊，1999（4）

1699　朱大星，試論敦煌本《文子》諸寫本之寫作時代及其價值，文獻，2001（2）

1700　王慕湘、張固也，也談《文子》竹簡本與傳世本的關係，古籍研究，
　　　2002（2）

1701　寧鎭疆，從出土材料再論《文子》及相關問題，華東師範大學學報，
　　　2002（2）

【解題】利用新出土的文獻材料，從引《老》、用《老》的角度，論證
古本《文子》當成書於公元前 300 年到公元前 233 年。今本《文子》與《老
子》的關係，可用「兩次抄襲」的模型來解釋：在早期，是《淮南子》抄襲
《文子》（古本）；而後來，倒是《文子》（今本）抄襲《淮南子》。《文子》傳
老絕不是單向的接受，而是雙向的「互相發明」：一方面是《文子》在引《老》、
用《老》，另一方面《老子》本文在流傳的過程中，也因《文子》的影響而發
生著改變。

1702　王三峽，從竹簡《文子》看「傳本」《文子》，武漢大學學報，2002（5）

【解題】竹簡《文子》四次稱引的「傳曰」，當指早於竹簡的「傳本」《文
子》。「傳本」《文子》與今本《文子》經說體部分有著一致性。「傳本」《文子》
的撰作時代約在戰國中期前後，廣泛流行於戰國晚期至西漢中期。九篇本《文
子》是「傳本」《文子》與竹簡《文子》的合編本。

1703　朱大星，《文子》敦煌本與竹簡本、今本關係考論，敦煌研究，2003（2）

【解題】通過比較敦煌本、竹簡本、今本《文子》的異同，並結合有關
史籍加以考察，認爲《文子》一書經歷了相當長的演變過程，三種版本之間
有密切聯繫，敦煌本是竹簡本向今本演變的過渡本。

1704　王三峽，竹簡《文子》新探，孔子研究，2003（2）

【解題】《文子》殘簡四次稱引「傳曰」，當指早於竹簡的傳本《文子》。
傳本《文子》與今本《文子》非問答體部分有著一致性。《越絕書》、《淮南子》
所稱引的「傳」正是指傳本《文子》。九篇本《文子》即由傳本《文子》和竹
簡問答體《文子》彙編而來，今本《文子》乃是承襲九篇本而來。今本《文
子》與《淮南子》互見部分有共同來源，即傳本《文子》。

1705　葛剛岩，由出土竹簡《文子》看今本《文子》的成書祖本，古籍整理
　　　研究學刊，2004（1）

【解題】通過比較《文子》今本與簡本之間的差異以及對今本中不見於

簡本文字來源的考索，從三個方面論定今本《文子》確是據一種殘本《文子》增補而成。

1706 葛剛岩，《文子》成書及其思想，西北師範大學博士論文，2004

1707 葛剛岩，韓非子讀過《文子》嗎？——兼談《文子》的成書與流傳，圖書與情報，2004（6）

【解題】從多個方面對《韓非子・內儲說》中有一條關於「文子」的載錄加以辨析，認爲《韓非子・內儲說》中的「文子」應是人名而非書名，此文子的身份也難以確認，更不能依此爲據而斷言戰國後期的韓非子曾經讀過《文子》。

1708 徐文武，《文子》在楚國成書的新線索，江漢論壇，2005（3）

【解題】從竹簡本《文子》中找到與文子對話的「平王」爲楚平王的新內證，爲《文子》在楚國傳播和增益的情形找到了新的線索。根據這些新的證據可以得出結論：《文子》一書的作者爲與楚平王同時的楚人，《文子》成書後在戰國產生廣泛影響並被增益。

1709 劉群棟，《文子》成書研究，鄭州大學碩士學位論文，2007

1710 劉群棟，《文子》撰作年代考，中州學刊，2007（6）

【解題】以竹簡本爲代表的古本《文子》成書在漢初以前，大約在公元前 4 世紀中期至公元前 3 世紀初之前（前 350～前 300）。竹簡本《文子》中對「仁義」的態度符合早期《老子》的態度，《文子》中的「仁義」、「聖智」等思想與郭店楚簡中的《老子》思想一致。《文子》的體裁特徵與《論語》相似，從文體發展史上看，其成書年代應與《論語》接近，而在《孟子》之前。竹簡本《文子》所引用的《老子》版本早於漢初流行的帛書本，與郭店楚簡《老子》比較接近。這些都充分說明，《文子》的最早成書年代不會晚於郭店楚簡下葬的年代，即不晚於公元前 4 世紀中期至公元前 3 世紀初。

1711 王豔、鄭傑文，竹簡本《文子》成書年代再考，管子學刊，2008（2）

【解題】對簡本《文子》中運用的稱謂用語的考證，可知其書成書年代上限在齊平王時期；從對簡本《文子》文本本身的考證，可知其書成書年代的下限在秦前；從簡本《文子》與甲本《老子》的對照，可知其書是《老子》在政治上的運用發展。簡本《文子》與《黃帝四經》、《淮南子》、《呂氏春秋》

之間的關係是黃老學派興盛的標誌；而在齊平王和秦之間，《文子》已有兩種版本的流傳。

1712　孟鷗，《文子》新探，山東大學博士論文，2011
1713　劉群棟，傳世本《文子》成書年代考，語文知識，2011（3）
　　　【解題】傳世本《文子》的定本時間在漢以後至東晉時期，其中的問答體部分在竹簡本中能找到對應文字，論說體部分也並非漢以後人所僞作或添加，而是有比較早的可靠來源，很多內容應該是西漢之前本來就有的。後來的加工者主要是把問答體中文子和平王的問答變成了文子和老子的問答，把論說體中大部分「文子曰」改爲「老子曰」。至遲在東晉張湛注《文子》的時代，《文子》已經是今天的傳世本模樣，而且竹簡本到傳世本的轉變已經基本定型。

1714　高新華，文子其人考，文史哲，2012（4）
　　　【解題】近代以來有學者認爲文子可能是文種。鑒於文種與計然在言語、思想、行事以及時代、地緣、人物關係等方面的諸多相似，其思想與後來的黃老之學可謂絲絲入扣、無不相合，推斷文種與計然是一個人，亦即《文子》一書依託的對象。

1715　黃湛，竹簡《文子》年代考、五兵說及 0198 號竹簡研究，大眾文藝，2012（15）
1716　蘇曉威，《文子》與《淮南子》關係再認識——以《文子》古文書寫系統爲中心，中國國家博物館館刊，2013（1）
　　　【解題】今本《文子》某些文字仍保留著古文寫法，如璺、是、眹等，而同樣寫法的字在《淮南子》中，則未曾見到。即便是《文子》誤作的「害眾」二字，仍有可能是後人不識古文「周鼎」的寫法轉寫致誤。同時，漢人識讀、轉寫古文的能力極爲薄弱，不太可能仍然用古文創作或書寫《文子》，所以今本《文子》一書當在秦始皇統一文字之前已經出現。

1717　王廷治，《文子》作者考證，上海師範大學學報，2014（2）
　　　【解題】探討了《文子》自身的信息，如戰國後期的時代語言、文物制度等，以及它與《莊子》的關係問題，認爲《文子》成書於《莊子》之後，作者是著名的戰國四公子之一的孟嘗君田文，田文在《戰國策》、《韓非子》等書籍中確實被稱爲文子。

1718　韓文濤，竹簡《文子》新探，西藏民族學院碩士學位論文，2014

1719　張彥龍，《文子》考，社會科學論壇，2014（3）

【解題】考證了文子其人、今本《文子》真偽、簡本《文子》的年代以及今本《文子》與簡本《文子》的關係等一些重要問題，認為今本《文子》可以作為研究文子思想主要依據。

1720　蘇曉威，《文子》與《淮南子》關係再認識——以其與《淮南子》相同故事內容的研究為中心，中國典籍與文化，2015（4）

【解題】今本《文子》中的敘述性語句在《淮南子》裏為故事型材料，這些故事型材料存在著對話者的時代不一、史實張冠李戴、文字不準確等錯誤；同樣見於二者的語句，也見於先秦其他古書，並非只有這兩書中才能見到；由此可知，今本《文子》不是抄襲《淮南子》而成書那麼簡單。

1721　姜李勤，再辯《文子》與《淮南》——由文本解析推測抄襲關係，荊楚學術，2017（4）

【解題】傳世本《文子》大半篇幅與《淮南子》雷同，但核心觀點的闡述有明確的分歧乃至互為否定，若以文本傳抄的客觀因素解釋，實在勉為其難，真實情形或為對某一底本的改造與發揮。依據文本解析的方法，考察此類明確的主觀因素使然的文本差異，可以對兩文本的關聯提出邏輯層面的支持，並且有助於認識思想的演化與發展歷程，而純粹的考據學方法往往將此類差異概括為客觀因素，如此則對思想演變的議題視而不見。

1722　白奚，《文子》的成書年代問題——由「太一」概念引發的思考，社會科學，2018（8）

【解題】根據「太一」概念在先秦諸子書中的流變情況及其涉及到的問題，論證《文子》當成書於戰國晚期。「太一」在較早的道家文獻中主要是一個表示終極存在的哲學概念，在《文子》中則轉為主要應用於政治問題，並與最成功的「帝者」相匹配，是為「帝者體太一」。戰國中期以來流行的士人爭當王者師友的情況，在《文子》中已不復存在，反映了戰國晚期君主專制的強化和士人政治地位下降的歷史事實。

1723　關亞婷，今本《文子》抄襲《淮南子》手法探析，華中師範大學碩士學位論文，2018

【解題】今本《文子》和《淮南子》都是古代重要的文獻。因兩本書的相似程度很高，加之《文子》的作者和著作時間不明，古今本篇數不同，因此歷來被認為是一本偽書，並且眾多學者都認為《文子》抄襲了《淮南子》。上世紀 70 年代，河北定州八角廊漢墓出土了竹簡《文子》，有些學者由此斷定《文子》非偽書而是先秦古書。但在 1995 年竹簡《文子》釋文公佈後又引起了戲劇性變化。竹簡《文子》與今本《文子》相同重合的只有九章內容，其他大部分不相同，並且大多也不見於《淮南子》。這又引起學者對《文子》和《淮南子》的關係問題的大討論。目前學界有三種觀點：多數學者認為《文子》抄襲了《淮南子》（其中陳廣忠的論文直接以《今本〈文子〉抄襲論》為題），部分學者認為《淮南子》抄襲了《文子》，還有部分學者認為《文子》與《淮南子》只是因為有共同的思想來源，並不存在相互抄襲問題，是各自獨立存在的。但這兩書相同或相似文字多達三萬餘字，其間必有相互抄襲的關係，故後一種貌似通達的新說最不可信。前兩種說法主要都是依據兩書對應文字的比較分析，而結論卻各執一詞，針鋒相對，說明文字比較的方法本身存在缺陷，沒有絕對的說服力。張固也對竹簡《文子》加以復原，證明竹簡本就是《漢志》九篇的完本，劉向之前不存在與《淮南子》有大量對應文字的今本《文子》，並以《從竹簡〈文子〉看今本的偽造手法》為題，對這一問題作出論述。參考陳廣忠的「《文子》抄襲」說和張固也「今本的偽造手法」說，進一步對今本《文子》抄襲《淮南子》的手法作一探析。首先將兩個文本的篇目進行對比。《文子》共 12 篇，《淮南子》有 21 篇，最後一篇為《要略》，即對全書的總結，實際內容為 20 篇。通過列表直觀地觀察《文子》的各章所對應《淮南子》的篇目以及對應情況，歸納其各篇的抄襲規律。中心部分從相似或對應的章節、段落、語句出發，尋找其抄襲手法。通過統計《文子》章節所對應的《淮南子》同一篇目的內容、相似段落的整理改造、相似語句的改動，並列舉相關的例子加以說明，歸納出《文子》抄襲《淮南子》的手法主要有：刪除事例，保留敘述句；將對話形式改編為說理性敘述；將具體人名虛化為概括性名稱；語句多用辭賦駢儷風格；句式力求簡練，語句言簡意賅等。附帶從思想史角度指出，今本《文子》不見於《淮南子》的資料才是《文子》本書思想的精髓，反映了《文子》與《淮南子》不同的思想。雖然今本《文子》作為一本偽書，是因襲《淮南子》而成，但是其作為東漢以來重要道家文獻，並在唐代成為道家四大經典之一，仍然是不容忽視的道家思想文獻。

鶡冠子

1724　王叔岷，書《鶡冠子》後，南京《中央日報》，1945，2，11，第 12 版，
　　　　文史週刊第三十八期

1725　林政華，何以要辨別書的眞僞——以《鶡冠子》的作僞動機爲例，幼
　　　　獅，1973（2）

1726　張金誠，《鶡冠子》箋疏，師大國文研究所集刊，1975（19）

1727　李學勤，馬王堆帛書與《鶡冠子》，江漢考古，1983（2）

　　　【解題】鶡冠子爲楚人，龐援（或作煖）的老師，其書爲道家學派之作，
以黃老刑名爲本，又重視陰陽術數、兵家等學，馬王堆帛書證實了《鶡冠子》
的可信性。

1728　吳光，《鶡冠子》非僞書考辨，浙江學刊，1983（4）；古書考辨集，臺
　　　　北：允晨文化實業股份有限公司，1989

1729　曹旅寧，《鶡冠子》述評，青海師範大學學報，1988（4）

1730　高伯正，鶡冠子當是戰國時人——兼指新《辭源》一誤，中醫藥學報，
　　　　1988（5）

1731　孫以楷，鶡冠子淮河西楚人考，安徽大學學報，2001（4）

　　　【解題】鶡冠子，戰國末期道家學者，隱居不仕，著有《鶡冠子》一書；
《漢志》及歷代學者都說他是楚人，當代學者還從《鶡冠子》與《黃帝四經》
文字的比較證明他是楚人。進一步從《鶡冠子》與《莊子》的比較，鶡冠子
與弟子龐煖的關係、鶡冠子的鳥、鳩圖騰意識論證鶡冠子是西楚淮南人。

1732　徐文武，鶡冠子籍貫與生平事蹟考略，南通大學學報，2005（2）

　　　【解題】從《鶡冠子》一書的文本內部可以找到諸多鶡冠子爲楚人的證
據，由此否定了鶡冠子爲趙人一說；又從《鶡冠子》涉及的相關史實，推斷
《鶡冠子》的最後成書應該是在楚遷都壽春之後（公元前 241 年）、被秦國滅
亡（公元前 223 年）之前。終其一生，鶡冠子早年研究軍事，隨著楚國政治
的沒落和國力的衰竭，他選擇了棄武學道的道路，後來成爲道家的著名學者。

1733　潘俊傑，《鶡冠子》爲先秦雜家著作考，延安大學學報，2007（3）

　　　【解題】雖然呂思勉、李學勤、吳光、孫以楷等已確證《鶡冠子》非僞
書，但也並非如許多學者所言爲黃老著作，而應該是先秦雜家的著作。對《鶡

冠子》的重新定位研究，對於認識戰國秦漢之際南北文化的交流、中國哲學以及整個文化思想學術的發展，都有極其重要的意義和價值。

1734　楊兆貴，鶡冠子其人與其思想新探，管子學刊，2008（3）

【解題】從現存資料很難證明鶡冠子必定是楚人或是趙人，但他和趙、楚、秦、齊諸國的思想文化有密切的關係，生活在戰國晚前期；他的弟子是龐煖，而非龐煥，龐煖與龐煥並非同一人；他的思想雖屬於黃老學，但兼容儒、法、陰陽、兵諸家，有自己特色的理論，如水火相生說、天神地形說、五正說、成鳩氏理想統治說等；然其思想卒未條貫一體，在天道觀和理想政治論上有明顯的矛盾之處。

1735　楊兆貴，《鶡冠子・世兵》篇非抄襲賈誼《鵩鳥賦》辨，中國文學研究，2009（3）

【解題】從文體研究、編纂者的思想背景、撰寫手法三方面來論證《世兵》篇與《鵩鳥賦》都引用先秦秦漢的典籍，不能證明《世兵》篇抄襲《鵩鳥賦》；相反，兩者所反映的思想卻有共同的時代背景，且思想重點不同。另外，《世兵》篇前部分記載曹沫一事，與後部分內容無涉；作者通過考證曹沫一事，推論本篇寫成於戰國末期與漢初之間。

1736　楊兆貴，《鶡冠子・泰鴻》的政治理念及成篇年代初探，石家莊鐵道學院學報，2009（3）

【解題】《鶡冠子・泰鴻》從本體泰一出發，來闡述為政之道，提高聖王的地位，使他與本體直接溝通；並認為聖人施政，要效法自然規律，立法制，設官職，用音樂，兼以仁、和教化天下，兼容了儒、道兩家的思想。又，《鶡冠子・泰鴻》泰一的含意繼承了先秦漢初諸子的看法，並提高了它在宇宙生成中的地位，成為氣、地位最高的神、本體相合者，應成篇於漢代景武時期。

1737　趙子抄、李寅生，《鶡冠子》的歸屬問題，長江大學學報，2009（4）

【解題】《鶡冠子》自從被柳宗元斥為偽作以後，就很少受到關注，直到馬王堆帛書《黃帝四經》的發現，才得到公正的評價，但其在先秦諸子中的歸屬仍頗有爭議。該文從目錄著作和《老子》、《黃帝四經》、《鶡冠子》中「道」的一脈相承的聯繫兩方面考察，認為《鶡冠子》當屬於道家。

1738　楊兆貴，與葛瑞漢商榷《鶡冠子》書，陝西理工學院學報，2015（4）

1739　劉蕊，《鶡冠子》研究概述，濰坊學院學報，2015（4）

1740　李軒，《鶡冠子》詞彙研究，西北師範大學碩士學位論文，2015

1741　趙景飛，《鶡冠子》研究述評，貴州師範學院學報，2015（4）

1742　崔海鷹，董懷信《鶡冠子校注》評介，古籍整理研究學刊，2016（1）

1743　楊兆貴、潘雪菲，論《鶡冠子》與管子、《管子》的關係，管子學刊，2018（1）

　　【解題】《管子》是管子及其後學思想所彙集的作品集，由齊國學者編纂而成。管子、《管子》一些思想觀念與《鶡冠子》相同。通過比較《鶡冠子》一些篇章與《管子》思想，發現鶡冠子、《鶡冠子》在君主修養、施政、政治、軍事等方面的思想觀念，與《管子》有不少相同之處。可見，《鶡冠子》與《管子》、齊國思想文化的關係極密切，《鶡冠子》應受《管子》影響。

關尹子

1744　戚淑娟，《關尹子》研究，華東師範大學碩士論文，2004

1745　許海華，《關尹子》研究，山東師範大學碩士學位論文，2018

　　【解題】關尹子姓關名尹，是先秦道家的重要人物，曾為函谷關令，邀老子著《道德經》五千言，因此為老子思想的流傳做出了貢獻。莊子稱關尹子為「古之博大真人」，他的主要思想包括三個方面，在宇宙觀上主張「太一」，在為人處世上要「濡弱謙下」，提出了養氣、存氣的養生觀，他的思想豐富了中國思想史的內涵。史傳關尹子閱《道德經》後有所感自著書一部名《關尹子》，《漢書‧藝文志》中列有《關尹子》九篇。後此書失傳至唐宋之際才又重現於世，後人多懷疑重出世之書是偽書，因此研究者較少且多集中在辨偽上。今本《關尹子》約成書於唐末宋初之際，其版本流傳多且有注本、評點本等形式流傳於世，在思想內容上融合了儒釋道三家的思想，體現了當時儒釋道三家融合的趨勢。本文對關尹子其人其書分四章進行探討：第一章通過分析史書記載以及後人研究成果，可證關尹子確為先秦時人，姓關名尹，曾著《關尹子》一書。《漢書‧藝文志》中收錄有《關尹子》一書，後直到宋朝才又在史志目錄中出現，據此可知關尹子所作之書漢後失傳，今本《關尹子》是假託關尹子之名所作，約成書於唐末宋初之際。第三章分析《關尹子》的主要思想內容，共分為兩節，第一節是《關尹子》傳承的道家思想，主要分

爲三個方面：其一，在認同老子「道」的思想基礎之上，又結合儒家之「道」，對道提出了新的認識，「道」是聖人的至高境界，是明哲保身的至上法則；其二，關尹子認同老子所主張的「聖人無爲而治」的觀點；其三，與老子強調要保存肉體又從容面對生死的生命觀相一致。第二節是《關尹子》對儒、釋、陰陽家思想的吸收融合，他引用儒家的仁、義、禮、智、信的觀念，運用陰陽五行思想說明萬物間相互轉化的觀念，引入佛教識轉智的思想。《關尹子》一書的思想内容體現出當時儒釋道三家相互融合的趨勢，爲我們研究唐宋時期三教合一的情況提供了材料。

鬻子

1746　劉建國，《鬻子》偽書辨正，長白學刊，1994（2）

1747　陳自力，逢本《鬻子》考辨，廣西大學學報，2000（1）
　　【解題】在爬梳整理前人有關論述逢本《鬻子》的眞僞的基礎上重加考辨，認爲逢本《鬻子》既非後世僞造的贋本，亦非小說家《鬻子說》之殘，而是《漢書藝文志》所錄道家《鬻子》之殘帙。此外，對《新書》、偽《列子》、《文選》等書所引「鬻子」佚文的眞僞歸屬，也做了逐一考證，並指出胡應麟關於《漢志》小說家著作「亦雜家者流」的論斷實不可信。

1748　王齊洲，《漢志》著錄之小說家《伊尹說》《鬻子說》考辨，武漢大學
　　　　學報，2006（5）
　　【解題】《伊尹說》爲秦漢間道家所傳，東漢後期仍存，魏晉以後失傳。《鬻子說》與道家《鬻子》爲二書，現傳逢行注本《鬻子》爲道家《鬻子》殘本，其成書當在秦漢以前；小說家《鬻子說》則産生在西漢初年黃老道家盛行之時，六朝時亡佚。

1749　潘銘基，《鬻子》與賈誼《新書》互文考，古籍整理研究學刊，2010（2）
　　【解題】前人論斷《鬻子》眞僞，多據其與賈誼《新書》之互見關係，指出《新書・修政語下》七條「鬻子曰」不見今本《鬻子》，又以《列子》及《新書》所引「鬻子曰」不見於今本《鬻子》爲證，推斷今本《鬻子》爲僞。《鬻子》與《新書》實有互見重文關係，因《鬻子》罕人研習，漸告散佚，只剩今本《鬻子》殘書十四篇；而隋末唐初類書亦多徵引《鬻子》，可證今本《鬻子》成書當早於六朝，黃雲眉以爲成於唐代，其說並不可信。《列子》及

《新書》所引「鶡子曰」不見今本《鶡子》；然《新書》不題曰「鶡子」者，卻有五處文字與《鶡子》可作逐字排比對讀，豈非標明「鶡子曰」者方爲《鶡子》舊文，暗用其文者則不足稱？《四庫全書總目》所謂「誼書所引，則無一條之偶合」，其説未必盡然。

1750　趙嘉，《漢書・藝文志》中小說家類中「僞託」之意，河北北方學院學報，2011（3）

　　【解題】通過翻檢前人的著述以及對《漢書・藝文志》中序言的解讀，認爲班固所言「僞託」和今之「僞託」當爲兩個不同的含義，有可能與在道家類中的同名的《伊尹說》、《鶡子說》爲一書兩分，而不是僞託之作。

1751　馬晨雪，《鶡子》眞僞考，現代語文，2014（6）

　　【解題】《鶡子》確爲先秦典籍，非後世僞作；漢以後《鶡子》亡佚，今本《鶡子》即《逄行珪注鶡子》，爲《漢書・藝文志》道家類《鶡子》眞書殘篇。

1752　劉佩德，《鶡子》篇目考，古籍整理研究學刊，2015（1）

　　【解題】通過對文獻書目所載及今存各種《鶡子》傳本的比較，認爲《鶡子》在流傳過程中有所亡佚，且十四篇本乃是後人強分篇目所致。

列仙傳

1753　王青，《列仙傳》成書年代考，濱州學院學報，2005（1）

　　【解題】《列仙傳》這類著作是在一個長期的流傳過程中逐漸豐富起來的，前人所見東漢中期以前的《列仙傳》較之今本有較大的不同，今本《列仙傳》的基本定型最早不能早於順帝永和五年（140 年），至遲可在西晉太安二年（303 年），並在以後的傳播中，某些條目上還屢有增飾。

1754　陳洪，《列仙傳》成書時代考，文獻，2007（1）

　　【解題】從文獻學的角度，通過對《楚辭》王注、《漢書》古注和《文選》古注引用《列仙傳》情況的詳加考辨，認爲《列仙傳》可能存在「古本」，或產生於東漢末年；在曹魏時期已經形成基本定型的本子，很可能就是「馥續」本。關於古本、續定本（或稱馥續本）和今本之間的關係問題，通過作者考證，明確屬於古本的只有應劭注文兩條，可能屬於古本的有兩條（所謂

王逸注引巨龜條、如淳注引彭祖條），因此，古本與續定本之間有一定的聯繫和區別，其中文賓與木羽、負局先生、赤斧等六條很可能是續作的；明確見於續定本的至少有二十二或二十七條，其中大都見於今本，只有巨龜一條不見，因此，續定本與今本的關係極爲密切，今本大體上應是續定本的延續，但也刪去了如巨龜這類的條目。

1755　程亞恒，今本《列仙傳》成書時代問題，長江學術，2011（2）

　　【解題】《列仙傳》一書大約在魏晉以前已經出現，今本是在原本基礎上增補而成的一個本子。又從文獻徵引和作品本身的語言角度綜合分析，認爲今本最終成書時間應該不早於唐代。

1756　夏冬梅、肖嬌嬌，《列仙傳》讚語成文與作者考論，文藝評論，2014（4）

　　【解題】《列仙傳》兩種讚語作者都不是劉向，篇後的總讚語作者是郭元祖；而每一則傳記之後的讚語作者存在孫綽和郭元祖二人，而我們今本所見的讚語則是郭元祖在孫綽的讚語基礎上改編而成。

陰符經

1757　陳進國，李筌《黃帝陰符經疏》的眞僞考略，中國道教，2002（4）

　　【解題】《陰符經集注・李筌注》和《陰符經疏》當是李筌作品，將《陰符經疏》附之注、疏斷爲二人著，似不合情理；《陰符經疏》比《集注・李筌注》內涵更爲豐富，代表著李筌較爲成熟的思想。至於爲何張果多引《集注・李筌注》文，可能跟他作注的體例有關，疏文乃陳其周細，而非舉其綱宗。

1758　楊燕，《陰符經考異》作者非朱熹、蔡元定蠡測，泉州師範學院學報，2009（1）

　　【解題】通常所說的朱熹《陰符經考異》，最初名爲《陰符經注》，它既不是朱熹作的，也不是蔡元定作、朱熹校正的。

1759　陳茉，《黃帝陰符經疏》是李筌作還是袁淑眞作之考證，宗教學研究，2015（2）

　　【解題】贊同陳進國先生的看法，認爲李筌是《黃帝陰符經疏》的作者，並補充三點證據：（1）在《道藏》分三章且有三章名稱的注解本中，只有李筌、袁淑眞注本將第二章題爲「富國安人演法章」；（2）《黃帝陰符經疏》中

明確提到安祿山、史思明的名字，並稱他們爲「篡逆悖亂之臣」；（3）由李《疏》與袁《集解》中在「神仙抱一演道章」後的兩段話比較來看，該段爲李筌所著。

1760　王宗昱，李筌和袁淑眞《陰符經》注疏關係考辨，宗教學研究，2017（3）

【解題】作者不同意學術界長期流行的見解，認爲《正統道藏》署名李筌的《黃帝陰符經疏》不是抄襲署名袁淑眞的《黃帝陰符經集解》。通過考察兩個注本的傳抄失誤和有意改寫，可知這些差異不能支持流行見解。而相關目錄資料顯示李筌本的記錄比較早，袁淑眞本的記錄是南宋初年，袁淑眞的署名則值得進一步考察。論文注意到驪山老母神話的影響和《陰符經》注本的複雜性，這兩個本子來源於同一個祖本，且都經過修改。今天我們看到的遠非原始面貌，但是還保留著珍貴的信息，其章末結語和附錄經注都證明這兩個本子經過多次改動。

枕中書

1761　石衍豐，《枕中書》及其作者，宗教學研究，1986

【解題】現存《枕中書》（又名《元始上眞眾仙記》）是《眞書》和《眞記》兩本書的拼合，《眞書》部分即《枕中書》，《眞記》部分即《元始上眞眾仙記》。《眞記》非葛洪所作，乃葛洪之後的人所撰；而《枕中書》出現的時間當在劉宋之前，舊本題作者是葛洪之說，不能輕易否定。

1762　劉仲宇，葛洪《枕中書》初探，中國道教，1990（4）

【解題】《枕中書》與《元始上眞眾仙記》不是一部書，宜分清二者，將《枕中書》著作權還於葛洪；《枕中書》是葛洪神仙理論的最後修改與補充，它的寫作也與其時的佛道論爭有關；《枕中書》對道教哲學、神仙理論有重要貢獻，在道教理論的發展史上有一定地位。

墉城集仙錄

1763　羅爭鳴，《墉城集仙錄》採自《列仙傳》篇目探析——兼論杜光庭對房中術之態度，古籍整理研究學刊，2003（3）

【解題】《墉城集仙錄》採自《列仙傳》的女仙傳記有八篇左右，其

中輯自《三洞群仙錄》的《江妃解佩》很可能直接採自《韓詩外傳》。對這八篇仙傳，杜光庭從內容和形式上均作了頗具匠心的修改潤飾，從所作的增刪改易中，可以看出杜氏仙道類傳記對前代仙傳進行文學化和道教化的加工過程，另外也可看出杜光庭在特殊背景下對房中術所持的保守和慎重態度。

1764 曹建國，緯書中的西王母故事辯證——兼論道藏本《墉城集仙錄》的真偽問題，長江學術，2014（3）

【解題】漢代緯書中有大量關於西王母的敘事，對於研究漢代文化與漢代文學有很大的價值，對研究道教及道教文學與讖緯的關係也有重要的意義。但緯書文獻殘缺嚴重，後世輯佚也多有舛誤，故需仔細辨別。緯書輯佚中的西王母材料也存在誤引問題，尤其是《緯書集成》引自《墉城集仙錄》的《尚書帝驗期》材料。又通過辯證《墉城集仙錄》所引《尚書帝驗期》材料真偽，以考證道藏本《墉城集仙錄》真偽，認為元代焚毀《道藏》時，《墉城集仙錄》原書不存，後來編纂《道藏》者取眾書《墉城集仙錄》佚文，甚或是另起爐灶編纂刪節本《墉城集仙錄》，不僅文本非杜光庭原書之舊，內容亦有變亂。

其他

1765 王明，論《太平經鈔》甲部之偽，中研院歷史語言研究所集刊（第 18本），1948 年

1766 唐文播，河上公《老子章句》作者考，東方雜誌，1943（9）

1767 黃永鋒，《至遊子》考析，中國道教，2003（5）

1768 何春根、付娟，《集仙傳》同名異書辨析，九江學院學報，2014（4）

【解題】《集仙傳》是一本久佚之書，自唐以來一直真偽莫辨，究其原因，是由於此書存在同名異書現象。《集仙傳》至少可見五種不同的版本，分別為唐前本、《太平廣記》本、王太虛本、曾慥本和四庫本，這幾種各不相同的《集仙傳》彼此之間基本上是相互獨立的。

1769 劉海濤，明代莊子學著述偽書相關問題考論，中華文化論壇，2014（10）

【解題】對署名黃洪憲的《南華經文髓》、陳懿典的《南華真經精解》《新鍥南華真經三注大全》三部偽書進行考證。

法家類

管子

1770　羅根澤，管子探源，上海：中華書局，1931；諸子考索，北京：人民
　　　出版社，1958

1771　黃漢，《管子》爲戰國時代作品考，安徽大學月刊，1935（6）

1772　郭沫若，宋鈃尹文遺著考，青銅時代，北京：人民出版社，1954

1773　馬非百，關於《管子・輕重篇》的著作年代問題，歷史研究，1956（12）
　　　【解題】《管子・輕重篇》和《管子》的其他各篇，不是一個時代和一
個人做的，它是一部專門討論財政經濟問題的書，是西漢末年王莽時代的理
財學家的作品。

1774　劉節，《管子》中所見之宋鈃一派學說，古史考存，北京：人民出版社，
　　　1958

1775　唐蘭，馬王堆出土《老子》乙本卷前古佚書的研究，考古學報，1975
　　　（1）

1776　容肇祖，駁馬非百《關於〈管子・輕重篇〉的著作年代問題》，歷史研
　　　究，1958（1）
　　　【解題】馬非百《關於〈管子・輕重篇〉的著作年代問題》一文證據不
夠而加以主觀臆斷，故列十點以駁其粗疏。《管子・輕重篇》或出於齊，作者
或不止一人，時代大約在戰國末以至漢初。

1777　李勉，管子其人及其書，成功大學學報人文篇，1975（10）

1778　馬非百，《管子・輕重篇》新詮，北京：中華書局，1979

1779　蘇鳳捷，《管子・輕重》成文時期辨識，安徽大學學報，1981（3）

1780　胡寄窗，試論《管子・輕重篇》的成書年代問題，中國經濟問題，1981
　　　（4～5）

1781　胡家聰，《管子・輕重》作於戰國考，中國史研究，1981（1）；管子新
　　　探，北京：中國社會科學出版社，1995

1782　金良年，對《管子・輕重》作於戰國考的一點意見，中國史研究，1982
　　　（2）

1783　牛力達，《管子》成書年代之我見，中國經濟問題，1982（3）

1784 胡家聰，《牧民篇》並非管仲遺著，文史，1985（24）

1785 李存山，《內業》等四篇的寫作時間和作者，管子學刊，1987（1）

1786 陳連慶，《管子‧問篇》的創作年代，社會科學輯刊，1988（5）

1787 杜正勝，關於《管子‧輕重》諸篇的年代問題，中研院歷史語言研究
　　　　所集刊第 59 本第 4 分，1988

1788 徐漢昌，《管子》書作者，管子學刊，1989（1）

1789 沫蘭，關於《管子》斷代及其作者，社會科學快報，1989（12）

1790 李學勤，《管子‧心術》等篇的再考察，管子學刊，1991（1）；古文獻
　　　　叢論，上海：上海遠東出版社，1996

1791 李學勤，《管子‧輕重》篇的年代與思想，道家文化研究第 2 輯，上海：
　　　　上海古籍出版社，1992

1792 駢宇騫，帛書《春秋事語》與《管子》，文獻，1992（2）

1793 胡家聰，《管子》中「王、霸」說的戰國特徵：兼論《管子》並非管仲
　　　　遺著，管子學刊，1992（3）

1794 李曦，三論《牧民》為管仲遺著，管子學刊，1993（3）

1795 孫開泰，關於侯外廬先生論《管子‧白心》等篇著者問題的一次談話，
　　　　晉陽學刊，1994（1）；中國哲學史，1994（3）

1796 羅以迪，試論《管子》作者，管子學刊，1994（2）

1797 胡家聰，再論《管子‧輕重》不作於漢代而作於戰國：兼論考證的類
　　　　比法之必然性，社會科學戰線，1994（3）

1798 李曦，《版法》為管仲所作考，管子學刊，1995（1）

1799 趙宗正、陳啓智，《管子‧輕重》篇的著作年代，管子學刊，1995（3）

1800 郭沫若，稷下黃老學派的批判，十批判書，上海：東方出版社，1996

1801 胡家聰，論《管子》書係學派著作，管子學刊，1997（3）

1802 白奚，也談《管子》的成書年代與作者，中國哲學史，1997（3）

　　【解題】《管子》是齊宣王、愍王時期稷下學宮中一批佚名的齊地土著學者依託管仲編集創作而成，目的是為了保持齊學的本土特色，高揚齊學精神，發展齊地固有之思想文化，從而同外來學者們爭奪在稷下學宮中的主導地位。《管子》是在受到異國學術大批湧入稷下的外來刺激後產生的，這樣的作品只能是稷下學宮鼎盛時期的產物，而不可能是學宮初創時期和衰落時期的產物（當然並不排除學宮後期有所增益的情況）。它的作者是學宮中推崇管

仲的部分佚名齊人學者，因而説它是「稷下先生的論文集」或「著作總集」、「稷下叢書」恐怕是過於籠統了。

1803　吳顯慶，論《霸言》《五輔》《君臣上》《形勢解》篇的成書年代和學派傾向——與《管子新探》作者商榷，南京師大學報，2000（2）

【解題】《霸言》篇可能是完成於齊襄王時期，而不是「寫於田齊強盛之時」；是具有儒家傾向的謀略學説，而不是「齊法家的政治、軍事作品」。《五輔》篇可以從一般地定爲「作於戰國」，進一步確定爲作於公元前 318 年至公元前 283 年之間；它不是「齊法家之作」，而是吸收了法家思想的儒家理論。《君臣上》篇不是「齊法家著作」，其主導思想是儒學。《形勢解》篇並不是「無疑屬於齊法家學派」，而是吸收了法家、道家思想的儒學作品。

1804　胡家聰，《管子》新探，北京：中國社會科學出版社，2003

1805　翟江月，試論《管子》中的作品完成在《呂氏春秋》成書之後，管子學刊，2004（3）

【解題】從《管子》和《呂氏春秋》的編纂時間、地域、背景以及流傳情況來判斷，《管子》有受《呂氏春秋》影響，成書當在其後。

1806　張固也，《管子研究》，濟南：齊魯書社，2006

【解題】該書目錄如下：

第一章　《管子》研究的新思路（一、《管子》早期流傳考；二、《管子》分組之義蠡測；三、《管子》古本之推測；四、《管子》應作分組研究）

第二章　論《經言》爲管子學派之早期經典（一、《經言》爲管子學派之經典；二、《經言》著作年代商榷；三、從《經言》論管仲思想特徵）

第三章　論《外言》與管子學派之初步發展（一、《外言》承前啓後之地位；二、《外言》著作年代之推測；三、《外言》爲齊法家形成之標誌）

第四章　論《內言》爲桓管歷史之述論（一、論「三匡」；二、論《霸形》、《霸言》；三、論《問》篇所反映的時代特徵；四、《戒》篇非戰國末葉之作）

第五章　《短語》之分類研究（一、《地圖》、《參患》、《制分》；二、《君臣》上下、《小稱》、《四稱》；三、論《侈靡》篇；四、論《心術》等四篇的

著作年代；五、《水地》、《四時》、《五行》；六、《勢》、《正》、《九變》）

第六章 從《區言》看齊法家思想之發展（一、「三法」說質疑；二、《區言》中的法家思想；三、《區言》受秦晉法家思想之影響）

第七章 讀《雜篇》箚記（一、《封禪》略說；二、《小問》中的桓管問答；三、《七臣七主》爲戰國晚期法家作品；四、《禁藏》錯簡新考；五、《九守》與形名法術之學；六、《度地》作於戰國；七、《地員》與「相地衰徵」）

第八章 論《管子解》（一、《管子解》的文體特徵；二、《管子解》爲戰國晚期齊法家作品；三、從《管子解》看齊法家兼融儒家思想）

第九章 論《管子輕重》的著作年代（一、《輕重》作於漢代之前——從文獻上證明；二、《輕重》作於戰國中期以前——從理論上證明；三、《輕重》爲管子學派早期作品——從與《經言》等篇的關係證明）

1807 潘秋平，《管子》韻語及成書年代初探，語言研究，2007（1）

【解題】從詞彙、語法和語音三個方面對《管子》的語言現象進行全面和透徹的考察，《管子》的成書年代較爲靠近戰國。

1808 孫開泰，《管子·輕重》成書當在戰國時代，管子學刊，2007（2）

【解題】從時代背景、從封君與「鄉州」地方政府以及郡縣制度、從戰國田齊政權「王天下」與春秋齊桓公時「尊王攘夷」的政治形勢不同、從田齊貨幣、從田齊「釜、鍾」等量具、從租金形式等方面來考察，《管子·輕重》著作年代在田齊威、宣王或稍後的戰國時代。

1809 鞏曰國，從「疑古」到「走出疑古時代」——《管子·輕重》著作年代研究百年回首，管子學刊，2008（3）

【解題】《管子·輕重》是我國古代經濟史上的重要文獻，其著作年代的研究，是近百年來學界廣泛關注的課題之一。上世紀 80 年代以前，「漢代說」占主流地位；80 年代以後特別是 90 年代以來，學界逐漸傾向於「戰國說」。「漢代說」的流行，無疑受到「疑古」思想的影響；近年來「戰國說」得到普遍認可，與「走出疑古時代」的學術思潮密切相關。

1810 張連偉，《管子·地員》新探，農業考古，2010（1）

1811　王東，《管子・輕重篇》成書時代考辨，鄭州大學學報，2010（4）

　　【解題】從詞彙角度來考察，發現《管子・輕重篇》中存在的一些漢代以降通行的詞語如：丁壯、樹枝、治生、腐朽、遊客、客舍、錢幣、遊子、役使等，可爲「漢代説」提供語言學上的某些證據。

1812　張連偉，《國語・齊語》與《管子・小匡》辨析，安徽省管子研究會2011年年會暨全國第六屆管子學術研討會交流論文集，2011

1813　鄧加榮、張靖，《管子》作者及年代考，博覽群書，2011（11）

1814　燕生東，從鹽業考古新發現看《管子・輕重》篇，古代文明，2013

1815　楊帆，《管子》成書問題研究綜述，學行堂文史集刊，2014（1）

1816　郭麗，論《管子・大匡》的材料來源——以出土文獻資料爲例，管子學刊，2015（1）

　　【解題】考察了20世紀70年代之後出土的簡帛文獻，認爲馬王堆帛書《春秋事語》與《管子・大匡》相關的兩章，當是齊國太史記載的早期檔案文獻；根據上博簡（五）《鮑叔牙與隰朋之諫》，可知齊國文獻戰國時已流傳到楚國，而齊國文獻流傳中只有少數在其他地域保存，本國的原始文獻則已遭到毀棄；銀雀山漢簡《王兵》乃摘錄《管子》的《七法》《地圖》《參患》諸篇中的文句而成，證實了《管子》的資料是眞實全面的。《管子》是齊國管仲時期的治國之書，有治理國家的總體哲學思考，又有國家建設的具體方略，還有民族精神的張揚；研究者稱《管子》書頗雜，這個「雜」字，正好體現了《管子》的特點。作爲治國之書，《管子》從多個方面講述管仲時期齊國的政治方略和經濟方針，及農業商業和對外政策，這些密不可分的內容，使《管子》成爲完整一體；因爲仲是齊桓公時政策的主要制定者和實施者，《管子》論述的齊國政策多與管仲有關。《管子》經言部分當是管仲時期齊國國家政策；外言部分包含了齊國早期法家的思想；《管子解》是對於《管子》經言部分的解說；輕重諸篇是經濟政策的實施；《弟子職》當是春秋時期齊國官學盛大情況的記錄；《地員》《水地》諸篇，許多學者認爲是齊國稷下學宮中的農家者言，但如果把《管子》看作是「治國之書」的話，包含這樣的篇章也在預料之中。《管子》書中涉及國家管理和政策的各個方面，又具有齊國政治管理獨有的特點，如「漁鹽之利」的經營，「輕重」政策的實施，這些政策對於漢代的經濟產生了很大影響。《韓非子》說：「藏《管》《商》之法者，家有之」，至少證明《管子》書中的法家者言，在戰國末年流傳甚廣，則其成書時間至

晚在春秋末年到戰國初年這段時間。《管子》書中的材料最早當是管仲爲政時期的政策文獻記錄，後來管仲學派將這些政策措施與解說内容整理成書，而其書的形成有一個很長的累積過程，不能全部以最後形成定本的時段來斷代；其中《經言》《外言》《内言》《短語》部分在春秋末年已經存在，其他部分在戰國時期也已經完成，這些文獻早期大多以單篇或者分類的形式流傳，直到漢代劉向校訂《管子》，今本的形態才基本確定。

法經

1817　張警，《七國考》《法經》引文眞僞析疑，法學研究，1983（6）

1818　蒲堅，《法經》辨僞，法學研究，1984（4）

1819　李力，從幾條未引起人們注意的史料辨析《法經》，中國法學，1990（2）

　　　【解題】從幾條鮮爲人注意的文獻史料出發，並利用近年出土的秦、漢簡，對《法經》作了新的考察，《法經》在漢以前就失傳了，到曹魏明帝至《晉書・刑法志》作者之時，才發現有關材料；《法經》之稱，並不是李悝之法的原名，而是後人對它的慣稱，其原名可能爲「某法」；東漢桓譚《新論》中根本沒有引用過《法經》，明末董説《七國考》所引《法經》是僞造的。

1820　殷嘯虎，《法經》考辨，法學，1993（12）

1821　何勤華，《法經》新考，法學，1998（2）

1822　廖宗麟，李悝撰《法經》質疑補證，河池學院學報，2006（1）

1823　阮嘯，《法經》再辨僞，法制與社會，2007（7）

　　　【解題】該文認爲《法經考釋》與它的底本黃奭在《漢學堂叢書》所輯的《李悝法經》都是僞書。

1824　夏陽，《法經》論考，法制與經濟，2008（5）

　　　【解題】《法經》確實存在，但並非李悝所撰，也非魏人所撰；商鞅沒有受之以相秦；《法經》是秦朝人所撰，是秦法的一部分，其撰寫時間當在商鞅死後、秦始皇統一六國之前這一段時期；「戶、興、廏三篇」也是秦的律，漢時將這三篇與《法經》結合成爲九篇，是漢法的一部分；做這項工作的（即制九章律）不是蕭何，可能在漢武帝執政前後。

1825　陳夢竹、薛嵩，《法經》論考，法制與社會，2009（22）

　　　【解題】在現階段沒有充分證據的情況下，我們無法證明《晉書・刑法

志》的記載是錯誤的，更何況從現階段發現的出土秦漢竹簡來看，我們有理由相信《法經》確實存在，而且影響了秦漢的立法。

1826　段俊傑，《七國考》中《法經》引文真偽再辨，求索，2015（1）
　　【解題】結合傳世和出土文獻，利用秦漢律二級分類的理論進行分析，認爲《法經》引文的篇目和體例結構具有合理性，學界對這段引文的內容的質疑不能成立，應該重視這段引文的史料價值。

商君書

1827　羅根澤，《商君書》探源，國立北平圖書館館刊，1935（1）
1828　容肇祖，《商君書》考證，燕京學報，1937（21）
1829　熊公哲，《商君書》真偽辨，政治大學學報，1964（9）
1830　詹秀惠，釋《商君書》並論其真偽，淡江學報，1974（12）
1831　宋淑萍，論《商君書》的成書時代，書目季刊，1979（1）
1832　詹劍峰，《商君書》辨偽，爭鳴，1982（3）
1833　徐勇，《商君書·徠民篇》的成書時代和作者蠡測，松遼學刊，1991（2）
　　【解題】《商君書·徠民篇》作成於公元前242年至公元前230年之間，很可能是尉繚入秦後與秦王政談話的記錄，似可作爲《尉繚子》的一篇佚文對待。

1834　張林祥，《商君書》研究，西北師範大學博士論文，2006
1835　張林祥，《商君書》的成書與命名考辨，古籍整理研究學刊，2007（2）
　　【解題】《商君書》的成書上限應爲前260年，而下限則難以斷定；編者當爲商鞅後學或商鞅學派無疑，後又經劉向手校，編定爲二十九篇。它最初應無名，至劉向校定，始以《商君》爲其書名，後又變爲《商君書》、《商子》。

1836　仝衛敏，《商君書·徠民篇》成書新探，史學史研究，2008（3）
　　【解題】採取內、外考證相結合的方法，從本篇的具體內容及主旨入手，同時參考相關出土簡牘材料，認爲《商君書·徠民篇》的成書應在秦昭王後期，作者是一位商鞅後學。

1837　仝衛敏，《商君書·更法篇》成書芻議，東北師範大學學報，2010（3）

【解題】《更法篇》最初出自秦國史官之手，在後人彙集編纂商鞅言論時被編入《商君書》中，並最終定本。

1838　孫向軍，《商君書》的形成與流傳，安徽文學，2010（3）

【解題】《商君書》是商鞅後學或者法家學派編訂而成，直至漢代仍未編訂成書，還是以單篇形式在社會上流傳，經漢代劉向校理群書時，定爲二十九篇。

1839　仝衛敏，《商君書‧墾令》篇發微，歷史文獻研究，2011

韓非子

1840　劉仲英，《韓非子‧初見秦篇》辯證，潮州留京學會年刊，1923（1）

1841　雷金波，《韓非子‧初見秦篇》之管見，現代評論，1927（112）

1842　容肇祖，韓非的著作考，國立第一中山大學語言歷史學研究所週刊，1927（4）；古史辨（第四冊），北京：樸社，1933

1843　容肇祖，《韓非子‧初見秦篇》考，國立中山大學語言歷史學研究所週刊，1928（59～60）；古史辨（第四冊），北京：樸社，1933

1844　鄧思善，讀容肇祖先生《韓非的著作考》志疑，國立中山大學語言歷史學研究所週刊，1928（24）

1845　劉汝霖，《韓非子‧初見秦篇》作者考，古史辨（第四冊），北京：樸社，1933

1846　容肇祖，韓非子考證，上海：商務印書館，1936

1847　曾繁康，《韓非子‧初見秦篇》作者之推測，責善半月刊，1940（1）

1848　郭沫若，《韓非子‧初見秦篇》發微，說文月刊，1944（4）

1849　嚴靈峰，論《初見秦》篇乃韓非所自作，幼獅學誌，1966（1）

1850　潘重規，韓非著述考，香港大學五十週年紀念論文集（二），香港：香港大學出版社，1966

1851　鄭良樹，論《韓非子‧初見秦篇》出自《戰國策》，大陸雜誌，1975（5）

1852　鄧廷爵，關於《韓子‧初見秦》的作者與韓非之死，學術月刊，1982（3）

1853　鄭良樹，《韓非子‧十過》篇辨偽，漢學研究，1989（2）

1854　鄒旭光，《韓子‧初見秦》作者新考，東南文化，1990（4）

1855　鄭良樹，《韓非子》研究的回顧，文獻，1993（2）；諸子著作年代考，
　　　　北京：北京圖書館出版社，2001

1856　周勳初，《十過》的真偽問題，周勳初文集，南京：江蘇古籍出版社，
　　　　2000

【解題】《十過》十個故事中有五個故事是有問題的，其中不但夾雜著
一些明顯錯誤的歷史事實，與其他篇中的故事或其他史書上的記載不合，而
且思想上也有完全對立的地方，應當是一篇夾雜進《韓非子》中去的他人的
作品。

1857　馬世年，《韓非子》的成書及其文學研究，西北師範大學博士學位論文，
　　　　2005；上海：上海古籍出版社，2011

【解題】《韓非子》的編集是一個較長的過程，大致經歷兩個階段：韓
非去世之後，已有門徒整理師說匯爲一編，因爲秦朝對韓非思想的重視，這
個本子受秦火影響不大，這是《韓非子》編集的第一階段；漢初研習韓非學
說的人也很多，其中能見到宮廷內府藏書中秘書者，又將《初見秦》《存韓》
等檔案文書編入韓非著作集中，這個過程應該是在武帝建元元年公元前年罷
黜申、商、韓非諸學說之前完成的，這是編集的第二階段。司馬遷所見就是
這個本子，其面貌已與今本很接近司馬遷之後，始有「《韓子》」之書名；至
劉向校書時又爲《韓非子》作了《書錄》，此後便再無大的變化。又從史實、
與其他典籍的重複、語言特點等方面考證《韓非子》55 篇的真偽，認爲《初
見秦》《有度》《十過》《問田》《人主》《傷令》以及《存韓》之「李斯上秦王
政書」、「李斯上韓王安書」不是韓非之作；《忠孝》《心度》《制分》疑爲後學
之作；其他篇目則都是韓非的作品。相關章節目錄如下：
　　　第二章　《韓非子》的編集與版本研究
　　　第一節　《韓非子》的編集與成書
　　　第二節　《韓非子》的版本源流概述
　　　　　附：《韓非子》版本源流簡表
　　　第三章　《韓非子》篇目真偽考論
　　　第一節　關於真偽考辨的方法論思考
　　　第二節　《韓非子》各篇真偽考略（上）
　　　第三節　《韓非子》各篇真偽考略（下）
　　　　　附：《韓非子》篇目真偽表

1858　馬世年，先秦子書的編集與「軸心時代」的經典生成──以《韓非子》
　　　成書過程爲例，文史哲，2013（1）

　　　【解題】以《韓非子》成書大致經歷兩個階段爲個案，考察「軸心時代」
的經典生成，此時期的「精神導師」，更多是就文化元典的創製者而言，他固
然主要指學派創始人，卻也與整個學派相關。

1859　寇志強，《韓非子‧初見秦》產生在秦莊襄王時期考，蘇州教育學院學
　　　報，2014（1）

　　　【解題】根據《韓非子‧初見秦》中的避諱現象以及所使用的一些名稱，
並結合當時的國際形勢等進行分析，認爲該篇應產生在秦莊襄王時期。

1860　賀鋼，《韓非子‧初見秦篇》作者新議，西安石油大學學報，2017（6）

　　　【解題】《韓非子》第一篇《初見秦》是否爲韓非所做，這一問題歷來
受到學者的關注。考察史籍當中所記載的白起的思想，並梳理了白起在秦國
各場戰爭中的經歷，認爲白起與《初見秦》的作者思想、經歷相同，由此推
測《初見秦》的作者應爲白起。《初見秦》中提及的戰爭不僅都與白起有著直
接或間接的關係，而且其集中力量攻滅一國和反對攻打趙國的主張也與史籍
白起的主張相同。

名家類

公孫龍子

1861　阮廷卓，論今本《公孫龍子》出現的年代及其眞偽，大陸雜誌，1959
　　　（12）；續偽書通考，臺北：學生書局，1984

1862　杜國庠，論《公孫龍子》，杜國庠文集，北京：人民出版社，1962
　　　【解題】作者主「全眞說」。

1863　龐樸，《公孫龍子》辨眞，文史，1965（4）
　　　【解題】作者主「全眞說」。今本《公孫龍子》正是古本，不可據《漢
志》「十四篇」懷疑此六篇。

1864　何啓民，有關公孫龍子其書眞偽之爭論，公孫龍與公孫龍子，臺北：
　　　學生書局，1976

1865　楊芾蓀,《公孫龍子》非僞作辨,哲學研究,1981（4）

　　【解題】《公孫龍子》並非僞書,最早的官修典籍皆有記載;不能因爲《隋志》所無,就認定它是僞書。公孫龍的思想受到春秋戰國各家直接批評,難以說是僞作,且書中討論的問題並非兩晉思想界重視的問題。

1866　周駿富,《公孫龍子》文例,臺灣省立師範大學國文研究所集刊,1958　　　（2）;續僞書通考,臺北:學生書局,1984

1867　董英哲,《公孫龍子》眞僞考辨,西北大學學報,1995（3）

　　【解題】對《公孫龍子》一書的眞僞進行考辨,認爲今本並不「全眞」,也非「全僞」,而是「殘眞」,其完本應爲《漢書・藝文志》著錄的十四篇。

1868　鄭良樹,論《公孫龍子・跡府》的成書時代,諸子著作年代考,北京:　　　北京圖書館出版社,2001

　　【解題】《跡府》的作成時代應該是在《呂氏春秋》之後,最遲在西漢初期以前。

1869　何楊,《白馬論》眞僞考述評,圖書館雜誌,2011（7）

　　【解題】評述了《白馬論》眞僞雙方所給出的主要論據,並指出現有之論據尚不足以鑒定《白馬論》之眞僞。

1870　周昌忠,「白馬論」:實質的語言分析哲學思想——兼論今本《公孫龍　　　子》作爲殘眞本,自然辯證法通訊,2017（3）

　　【解題】不僅從邏輯學的觀點,更重要的還要從語言分析的觀點出發,唯有如此才能眞正把握《公孫龍子》提出的「白馬論」的眞諦——實質的語言分析哲學思想,走出歷來目之爲詭辯和形而上學的迷思。「白馬論」是相當精緻而又完備的語言分析哲學,儘管緣於脫胎自中國傳統哲學而只是實質的思想。「白馬論」作爲知識的方法論,成爲中國傳統哲學留下的唯一具有科學意義的文脈。無論從文化史根據,還是從目錄學考據,以及從義理的觀點來考量,都可以確定,今本《公孫龍子》是殘眞本。

鄧析子

1871　周述政,《鄧析子》辯證,國學叢刊,1929（1）

1872　羅根澤,《鄧析子》之眞僞及年代考,河北大學文學叢刊,1931（5）;

諸子考索，北京：人民出版社，1958

1873 孫次舟，《鄧析子》偽書考，古史辨（第六冊），上海：開明書店，1938

1874 陳正榮，《鄧析子》辨偽，淡江文學，1978（9）

1875 朱澤安，論今本《鄧析子》不偽，重慶教育學院學報，1995（2）

【解題】《鄧析子》不偽，其書基本上反映了鄧析的思想，它是由鄧析的學生根據鄧析生前的言論整理成書的。

1876 盧芸蓉，伍非百對今本《鄧析子》的辨偽，貴州工程應用技術學院學報，2017（6）

【解題】《鄧析子》一書雖歷來被認為是偽書，但缺乏系統的論證。伍非百在其著述《中國古名家言》中以大量的歷史記錄與評價為依據，判定今本《鄧析子》的言語風格、思想內容以及對「無厚」等具體問題的理解皆與史料記載不相符，提出了今本《鄧析子》一書為偽書的詳細理由，可信度較高。

兵家類

六韜

1877 徐培根，太公兵法之研究——本文主為研究太公《六韜》一書而作，東方雜誌，1976（9）

1878 張烈，《六韜》成書及其內容，歷史研究，1981（3）

1879 劉宏章，《六韜》初探，中國哲學史研究，1985（2）

1880 王歡等，《六韜》真偽述議，軍事歷史研究，1987（4）

【解題】《六韜》為託名姜尚所作，成書時間戰國末期，但不能因是託名即判為偽書。《六韜》非出自一人之筆，它的形成是有一個過程的：姜尚與文王、武王之間所言之「陰權」與「兵事」，最初只是為世代口耳相傳，後由史官記言、記事，從鑄於金版到著於竹帛，再又經史官或兵家的不斷加工整理，內容越來越豐富，便有了一個雛形，最後由戰國末某人（或兵家或史官）把以往的成果全部輯錄起來，進行系統地編纂，於是形成了《六韜》這部具有獨立體系，規模宏大，內容豐富，時代特點鮮明的兵書。

1881 陳青榮，《六韜》作者及其成書年代，姜太公新論，北京：燕山出版社，

1993

1882　劉慶，《六韜》與齊國兵學，姜太公新論，北京：燕山出版社，1993

1883　李石，關於《六韜》成書時代的七種說法，歷史教學，1994（1）

1884　吳顯慶，《六韜》成書年代及作者新論，學習探索，1996（1）

【解題】《六韜》成書於秦代的可能性較大，作者或是《史記·留侯世家》中所記下邳圯上老人，理由如下：（1）《六韜》反覆強調「天下非一人之天下，乃天下之天下也」，這一基本觀點只能形成於秦代；（2）《六韜》關於「聖人務靜」的主張，可能是針對秦始皇的個人專斷而言；（3）《六韜》的成書時間晚於《尉繚子》；（4）《六韜》對各派思想的吸收和運用水平高於《呂氏春秋》，它的成書可能要比後者更晚一些；（5）推定《六韜》成書於秦代，與《莊子·徐元鬼》中提到《金版六弢》並不矛盾；（6）下邳圯上老人授張良的《太公兵法》可能就是《六韜》；（7）授書老人可能是逃亡的秦博士。

1885　張林川，《六韜》的作者及其流傳考，文獻，1998（3）

【解題】《六韜》是西漢前的作品，其題太公為假託。

1886　徐勇，《六韜》的成書、著錄及其軍事思想，歷史教學，1998（6）

【解題】對《六韜》的成書時代和述作者、著錄和版本、主要內容及其軍事思想等問題進行考證。

1887　全晰綱，《六韜》的成書及其思想蘊涵，學術月刊，2000（7）

【解題】今本《六韜》與原始的《金版六韜》、《周史六韜》在語言表述上已多有不同，但並不能據此斷定《六韜》為偽書。《金版六韜》、《周史六韜》、《太公六韜》、《太公兵法》、《太公》、今本《六韜》都是同一本書在不同時期的不同稱謂，其主要內容是周代史官著錄在金版上的姜太公與周王有關軍事的對話，雖然在流傳過程中文字表述有所變異，但其主體內容沒多少變化。雖非姜太公親著，卻源於周代史官對姜太公與周王對話的真實記錄，是目前我們能見到的研究姜太公的最重要的一部書。

1888　韓立森，定州西漢中山懷王墓竹簡《六韜》的整理及其意義，文物，2001（5）

【解題】定州竹簡《六韜》大部分仍能釋讀，且內容比今本《六韜》豐富，這證實了《六韜》決非偽書。

1889　楊朝明，關於《六韜》成書的文獻學考察，中國文化研究，2002（1）

　　【解題】從《六韜》書名的演變和與其他文獻進行對比，認爲其確爲周初兵家著作，出於當時史臣應無問題。

1890　解文超，《六韜》的文獻著錄與版本流傳，圖書與情報，2005（1）

1891　解文超、崔宏豔，《六韜》眞僞考，青海師範大學學報，2005（2）

　　【解題】通過對存世文獻與地下出土資料的考證，認爲《六韜》確爲先秦之作無疑。

1892　王路清，駁《六韜》僞書論，隴東學院學報，2010（3）

　　【解題】根據殷墟騎士墓等考古材料，結合史料，認爲騎兵最晚產生於殷商，《六韜》中所言的「驍騎」是可以衝鋒的重甲騎兵，有可能是人與馬皆披甲，與趙武靈王的騎射無密切聯繫，騎射的產生時代不能作爲中原王朝騎兵的產生時代，更不能用來否定《六韜》的眞實性。簡帛在先秦、兩漢之時昂貴，只能死記硬背，等有機會再默寫出來，先秦諸子的每一部經典都是經過了士大夫不斷的雕琢修飾，硬要說是誰完全創作是不可能的；《六韜》蘊含了太公思想的結晶，後世之人飲水思源，故冠以太公之名。今按：此爲臆説。

1893　徐勇，《六韜》成書時代之我見，中國社會科學報，2010 年 3 月 24 日第 10 版

　　【解題】《六韜》作成於戰國中晚期的齊國，其述作者是齊威王、宣王在位時的稷下大夫們。今按：此説難以成立。

1894　王珏，太公望與《六韜》，管子學刊，2018（4）

　　【解題】《六韜》作爲一部先秦時期的集大成之作，對中國古代軍事思想影響深遠。關於太公望與《六韜》的關係、《六韜》的成書年代及流傳版本，歷來聚訟紛紜，爭議頗多。在現有文獻資料的基礎上，考證太公望與《六韜》的關係，對《六韜》的成書階段進行分期，梳理《六韜》的主要流傳版本，並探討其的學術價值，對於太公望與《六韜》的深化研究將大有裨益。

1895　楊青，銀雀山漢簡《六韜》的整理新發現，孫子研究，2018（3）

　　【解題】1972 年，銀雀山漢墓竹簡《六韜》的出土，爲研究《六韜》的篇章結構、流傳情況、成書年代提供了新的資料。通過文獻對讀以及核查圖版，對相關文字考釋、編聯等幾處問題進行了補正。

孫臏兵法

1896　陳克明，略論《孫臏兵法》，社會科學輯刊，1981（6）

1897　魏汝霖，對大陸漢墓出土《孫臏兵法》之研究，東方雜誌，1976（10）

1898　銀雀山漢墓竹簡整理小組，臨沂銀雀山漢墓出土《孫臏兵法》釋文，
　　　文物，1975（1）

1899　楊伯峻，孫臏和《孫臏兵法》雜考，文物，1975（3）

　　　【解題】以兵法隨葬與秦末兵書盛行的情況符合，並據此書推測孫臏活
到八十以上；此書成於孫臏門人之手，時間在孫臏死後；孫軫可能是先軫。

1900　尚英、黃義舟，關於《孫臏兵法》成書的研究，菏澤師專學報，1997
　　　（3）

　　　【解題】通過對大量文獻資料的潛心研究，認爲《孫臏兵法》並非出自
孫臏及其弟子之手，其成書也不在孫臏時代，是漢初某位愛好兵書的文人或
孫臏軍事思想研究者假託孫臏之名撰寫的一部軍事著作。今按：此說難以成
立。

1901　王曉雪，《孫臏兵法》的流傳、失傳及研究價值初探，管子學刊，2008
　　　（3）

1902　邱義，《孫臏兵法》研究，山東師範大學碩士學位論文，2018

　　　【解題】孫臏是「兵聖」孫武的後裔，是戰國中期重要的軍事家。《孫
臏兵法》代表了戰國中期我國軍事理論的最高成就。大約在東漢末至隋唐間
的某個時期，《孫臏兵法》不幸失傳。宋代疑古之風興起後，《孫臏兵法》的
眞實性受到了一些學者的懷疑。特別是因爲孫臏與孫武的血緣關係，以及《孫
子兵法》的流傳對比《孫臏兵法》的失傳，孫武事蹟的不清晰對比孫臏事蹟
的相對清晰，一些持懷疑論的學者主要懷疑的方面就是《孫子兵法》與《孫
臏兵法》、孫武與孫臏的關係。1972年在山東臨沂銀雀山漢墓發現大量與兵家
有關的竹簡，其中同時出現了《孫子兵法》和《孫臏兵法》。至此，聚訟千年
的懸案終於有了定論：孫武與孫臏爲兩人並各有著述。因爲沒有傳世本，所
以目前銀雀山竹簡本《孫臏兵法》就是《孫臏兵法》的唯一文本。《孫臏兵法》
被重新發現後，學界大受震動，隨即掀起研究熱潮。學者們在文本釋讀、思
想闡釋方面都取得了一定的成就。本文以銀雀山漢墓出土竹簡爲主要研究對
象，在前輩學者研究的基礎上，重點研究了三個方面。第一，重新審視孫臏

本人的生平事蹟，以探討其軍事思想形成的淵源。第二，補充了一些對《孫臏兵法》文本的見解，以更精確地理解其軍事思想。第三，從《漢書‧藝文志》中「兵四家」的角度對《孫臏兵法》的軍事思想進行了梳理，系統地展示了《孫臏兵法》作爲「兵權謀」家的思想特點。

孫子兵法

1903　齊思和，孫子著作時代考，燕京學報，1939（26）

1904　劉仲平‧孫子的作者考辨，建設，1955（6）

1905　樹人，孫子十三篇的時代和作者，文匯報，1962.7.5

1906　余空我，關於孫子十三篇的作者問題，文匯報，1962.8.3

1907　金德建，論孫子十三篇作於孫臏考，司馬遷所見書考，上海：上海人民出版社，1963

1908　簡蒙聰，孫子一書眞僞考辨，訓練通訊，1979（198）

1909　遵信，《孫子兵法》的作者及其時代——談談臨沂銀雀山一號漢墓《孫子兵法》竹簡的出土，文物，1974（12）

1910　李零，關於銀雀山簡三《孫子》研究的商榷——《孫子》著作時代和作者的重議，文史，1979（7）

1911　鄭良樹，論《孫子》的作成時代，竹簡帛書論文集，北京：中華書局，1982

　　【解題】《孫子》十三篇的成書時代爲公元前 496 年闔閭卒至公元前 453 年《吳問》之間。

1912　藍永蔚，《孫子兵法》時代特徵考辨，中國社會科學，1987（3）

　　【解題】從軍事史的角度，聯繫《孫子兵法》所反映出來的社會和階級狀況，對它的時代特徵與版本源流作了進一步的考辨，認爲《孫子兵法》成書年代當在春秋末期。就思想傾向而言，《孫子兵法》曾被目爲詐變權術之宗，「爲不仁之學」，而「仁」在其中佔有十分重要的地位，與孔子的仁學有相通之處，是同一時代的產物；作爲《孫子兵法》哲學思想基礎之一的「五行說」，也具有春秋時代的特點。就戰略思想而言，它所闡發的同政略融爲一體的戰略概念，它所提出的速決的進攻戰、迴避攻城、集中兵力以及有關戰場選擇等方面的主張，同樣具有鮮明的春秋末期的時代特徵。就其所反映的軍制特徵而言，從《孫子兵法》有關軍隊規模、作戰方式、兵種組成的論述中可以

看出，這些軍事行動的狀況與發生的地點很接近於春秋末期的戰場情況。

1913　呂效，漢簡《孫武兵法》八十二篇張氏家傳手抄本序，報刊之友，1996
　　　（5）
　　　【解題】該序作於 1996 年 7 月，係受張聯甲子女之託。序稱全書共十四萬一千七百零九字，又稱竹簡背面有楚王韓信於西漢五年二月多處批註的文字和定簡符號。今按：此序絕不可信。八十二篇《孫武兵法》乃今人偽造。

1914　耿翔等，《孫武兵法》八十二篇發現記，報刊之友，1996（6）
1915　王樹林，薛耀晗，來明等，收藏者出面說原委與會者當場亮觀點——
　　　《孫武兵法》八十二篇座談會在西安召開，報刊之友，1996（6）
1916　何誠，《孫武兵法》八十二篇被發現，貴州文史天地，1997（1）
1917　褚良才，《孫武兵法》八十二篇答問，報刊之友，1997（12）
1918　褚良才，銀雀山漢簡與《孫武兵法》八十二篇校略，報刊之友，1998
　　　（1）
1919　褚良才，《孫武兵法》八十二篇新論，報刊之友，1998（2）
1920　褚良才，《孫武兵法》八十二篇析評，報刊之友，1998（3）
1921　褚良才，《孫武兵法》八十二篇問對，報刊之友，1998（4）
1922　褚良才，《孫武兵法》八十二篇形音義探略，報刊之友，1998（5）
1923　褚良才，《孫武兵法》八十二篇文化考略，報刊之友，1998（6）
1924　褚良才，《孫武兵法八十二篇研究本》箋理，報刊之友，1999（1～2）
1925　褚良才，《孫武兵法》八十二篇校議，報刊之友，1999（3～5）
1926　褚良才，《孫武兵法》八十二篇叩酬，報刊之友，1999（6）
1927　黃樸民，《孫武兵法》八十二篇的真偽，文史知識，1997（1）；貴州文
　　　史天地，1997（2）
　　　【解題】通過考察有關報導所提供的內容，以及所謂《孫武子全書》中所收錄的八十二篇部分篇章，認為這一新「發現」實在是漏洞百出，不足置信。

1928　黃樸民，《孫子》真偽及價值，煙台大學學報，1997（3）
1929　王玉哲，我對抄本「《孫武兵法》82 篇」的看法，歷史教學，1997（3）
　　　【解題】一切盲目推測，無濟於事。手抄本「《孫武兵法》82 篇」是真是假，完全要看手抄本的來源——殘存的 27 支「竹簡」的鑒定結果，如果收

藏者確能把這種「竹簡」拿出來。

1930 張景賢,「《孫武兵法》82 篇」作偽的破綻,歷史教學,1997(3)
【解題】所謂《孫武兵法》82 篇爲偽作。

1931 羅澍偉,「《孫武兵法》82 篇」係託古偽書,歷史教學,1997(3)
【解題】「(孫武兵法)82 篇」即《吳孫子兵法》82 篇顯係附會。自班固之後從無人言及此 82 篇之事,何以事經一千七八百年忽然出現?其流傳經過又無從查考,所謂「光緒三十二年以重金購於陝西」云云,不過是此書來歷不明之遁詞。退一步講,即使確有能「裝滿一架子車」的「漢簡」,亦必爲贗品無疑。自漢至清流傳於世的漢簡由於種種原因,數量甚少。一次出現如此大量的漢簡且又如此完整,不可能在社會上毫無反響,一直被收藏者隱藏至今。

1932 羅澍偉,再說「《孫武兵法》82 篇」係託古偽書,歷史教學,1997(10)

1933 達甲,辨「兵法」眞偽,明事實眞相——中國孫子兵法研究會部分專家駁疑「抄本《孫武兵法》八十二篇」,西安教育學院學報,1997(1)

1934 吳九龍,《孫武兵法》八十二篇考偽,尋根,1997(1)
【解題】《輯本》聲稱《孫武兵法》「82 篇」,實際收錄 84 篇,絕大部分章是抄錄歷年來發表的銀崔山漢墓竹簡的簡文,但又擅自改換篇題,任意合併篇章;純係偽造的只有 8 篇和一些段落,以及零星文字。作偽者竄亂銀崔山漢墓竹簡於前,宣揚《孫武兵法》82 篇是「重大發現」,是「我國目前版本最古老、規模最大的兵法」等等於後,實在是十分惡劣的行爲。

1935 吳元棟,「古簡孫武兵法」報導爲何發生如許風波,新聞記者,1997(2)

1936 中國孫子兵法研究會,眞與假的較量:「《孫武兵法》八十二篇」風波大透視,天津:天津古籍出版社,1998

1937 亦史,文化打假的檄文:《眞與假的較量——「《孫武兵法》八十二篇」風波大透視》出版,歷史教學,1999(2)

1938 齊思和,孫子著作時代考,中國史探研,石家莊:河北教育出版社,2000

1939 劉劍康,對《孫子兵法》產生時間及作者的再審視,湖湘論壇,2000(4)

【解題】《孫子》十三篇在軍事上的影響，比《韓非子‧五蠹》和《史記‧孫子吳起列傳》所揭明的時間更早，可追溯到與孫武生活的同時代；《孫子》十三篇之文多存古義，其中涉及齊國舊制尤多，適足以説明其成於孫武之手；銀雀山漢簡《孫臏兵法‧陳忌問壘》中「明之吳越，言之於齊。曰知孫氏之道者，必合於天地」一語，不能用作否定孫武手定十三篇的證明（「明之吳越」指孫武用兵之法在春秋時的吳、越就已大爲彰明，這主要就《孫子》十三篇而言；「言之於齊」指孫子之學流傳到戰國時，由孫臏在齊國予以闡揚，這主要指《孫臏兵法》；下文合稱孫武、孫臏之學爲「孫氏之道」，在於説明孫武、孫臏二人的相承關係及其特點，並不是説孫臏在齊國整理了十三篇兵法）；《孫子‧作戰》篇言「凡用兵之法，馳車千駟，革車千乘，帶甲十萬」，《用間》篇稱「興師十萬」，「相守數年以爭一日之勝」的用兵規模，基本上合乎春秋末期的實際情況；《孫子》十三篇中尚奇使詭的軍事理論，是春秋時社會風尚轉變的典型反映。作者由此推斷《孫子》十三篇確是孫武所手定，但在流傳過程中可能也有後人的竄入。《漢書‧藝文志》兵權謀類著錄「《吳孫子兵法》八十二篇，圖九卷」，説明班固之時，《孫子兵法》除十三篇外，另有其文附於十三篇而行世。八十二篇本內容，除今本十三篇外，銀雀山出土殘簡中的《吳問》《四變》等五篇，還有諸書所徵引的吳王闔閭與孫武的問答之辭（多見於《通典》《太平御覽》和何氏《孫子注》中），都可看作是十三篇的相應注解，可以作爲研究孫子及其軍事思想的有價值的材料。

1940 鄭良樹，孫子軍事思想的繼承和創新，諸子著作年代考，北京：北京圖書館出版社，2001

1941 劉春志，《孫子兵法》的作者之爭，當代學生，2008（10）

1942 吳春生、武振玉，《孫子兵法》成書年代補説，中南大學學報，2015（3）
　　【解題】《孫子兵法》主體部分成書應不早於戰國中期、不晚於戰國末年，最遲不晚於漢初。

1943 趙文彬，《孫子兵法》十三篇與八十二篇源流考，孫子研究，2017（5）

司馬法

1944 金德建，司馬兵法的真僞與作者，廈門圖書館聲，1932（12）

1945 金德建，司馬兵法的真僞與作者，廈門圖書館聲，1933（1）

1946 仝晰綱,《司馬兵法》的成書和流傳,學術交流,1999（4）

【解題】《司馬兵法》並非偽書,而是齊景公時司馬穰苴對古《司馬法》的發揮和闡釋,由齊威王時齊國士大夫們將二者追論雜糅而成。在流傳過程中,兵家往往只注重其主旨大意,並不完全拘於原文原句,因此今本與輯本在文字表述上有所出入,但並不能以此來否定二者的一致性。

1947 王震,《司馬法》成書及版本考述,古籍整理研究學刊,2007（6）

【解題】今本《司馬法》5 篇應該是齊威王時齊國大夫追述的古司馬兵法和穰苴軍事思想的混合體,它來自宋代刊定的《武經七書》,有三卷本和一卷本兩個版本系統。

將苑

1948 華赴雲,偽書《將苑》管見,教學與研究,1981（3）
1949 徐勇,《將苑》小議,歷史教學,1999（1）

黃石公三略

1950 徐文助,《黃石公三略》研究,國文學報,1982（11）
1951 張家棟,《黃石公三略》作者試探,工程兵工程學院學報,1987（4）
1952 劉景雲,西涼劉昞注《黃石公三略》的發現,敦煌研究,2009（2）

【解題】《俄藏敦煌文獻》Дx17449《黃石公三略》是目前所見最早的手抄夾註殘卷孤本,是史書所載北魏、西涼劉昞注《黃石公三略》注本,較之傳世的南宋孝宗、光宗年間刻本早 800 餘年,爲我國古代軍事文獻史上的重大發現。

尉繚子

1953 何法周,《尉繚子》初探,文物,1977（2）

【解題】結合銀雀山漢墓出土的兵書殘簡和有關史料對《尉繚子》進行考察,認爲遠在《史記》、《漢書》成書之前,《尉繚子》一書就早已存在,並廣泛流傳,深有影響;在後來的長期流傳過程中,篇章雖可能有所散失,文字雖可能有所增刪修改,但它是先秦古籍無疑;《漢書》附注中關於「六國時」著作的說法是可靠的,偽作之說不攻自破。

1954 銀雀山漢墓竹簡整理小組,銀雀山簡本《尉繚子》釋文（附校注）,文物,1977（2）

1955 鍾兆華，關於《尉繚子》某些問題的商榷，《文物》，1978（5）

1956 華陸綜，尉繚子注釋，北京：中華書局，1979

1957 何法周，再論《尉繚子》，河南師大科學討論會論文集，1980

1958 袁宙宗，《尉繚子》時代考，中華文化復興月刊，1980（1）

1959 張烈，關於《尉繚子》的著錄和成書，文史，1980（8）

1960 何法周，尉繚子補證，河南師大學報，1980（3）

1961 鍾兆華，尉繚子校注，鄭州：中州書畫社，1981

1962 龔留柱，《尉繚子》考辨，河南師大學報，1983（4）

1963 徐勇，今本《尉繚子》原爲二十二篇，歷史教學，1984（11）

1964 徐勇，《尉繚子》的成書、著錄及其相關問題，中國哲學史研究，1986（1）

1965 何法周，尉繚子與互著法——三論尉繚子，史學月刊，1986（2）

1966 李解民，尉繚子前言，兵家寶鑒，石家莊：河北人民出版社，1987

1967 徐勇，尉繚子淺說，北京：解放軍出版社，1989

1968 鄭良樹，近代學者《尉繚子》爭論述評，諸子著作年代考，北京：北京圖書館出版社，2001

1969 張申，《尉繚子》作者及成書年代考，咸陽師範學院學報，2015（3）
　　【解題】通過對全書進行綜合分析考察，今本《尉繚子》是梁惠王（魏惠王）時的尉繚所著。

李靖問對

1970 藍永蔚，《李靖問對》僞辨，安徽大學學報，1979（1）

1971 黃樸民，《唐太宗李衛公問對》考論，求是學刊，1997（4）
　　【解題】唐太宗李衛公《問對》一書當是無名氏所作，其成書年代大致應在唐代晚期以至五代時期。到了宋代，鑒於李靖的諸多兵書皆已散佚，世無全書，而神宗熙寧年間對李靖兵法校正、分類、解釋的工作又未取得十分理想的結果，故在元豐年間最終編定《武經七書》時，遂決定根據《兵法七書》已收錄《問對》的固有情況，仍將《問對》收入《武經七書》之中，列爲將校必讀的武學經典之一。

1972 于汝波，關於《李靖問對》的成書時間及主要理論建樹，軍事歷史研究，1998（3）

【解題】《問對》不是貞觀時的作品，書中多處內容與史實不符，「右軍」、「左軍」、唐太宗廟號皆爲可疑之點；《問對》是宋神宗下令組織編寫的一部反映唐太宗、李衛公軍事思想的著作。

1973　周興濤，《唐太宗李衛公問對》四題，山東圖書館季刊，2007（4）

1974　張固也、王斌，阮逸僞託《李衛公問對》說質疑，中國典籍與文化，
　　　2010（1）

　　　【解題】《李衛公問對》一書實爲唐太宗、李靖晚年論兵言辭之輯錄，並非僞造之書。

1975　王斌，《李靖問對》早期流傳之線索，語文教學通訊，2011（Z1）

1976　王斌，《李衛公問對》眞僞問題研究述評，作家，2012（2）

素書

1977　羅凌，《素書》非張商英僞撰考述，圖書館理論與實踐，2008（5）

　　　【解題】從文獻傳承以及文本本身內容的角度予以考察，認爲儘管張商英曾經爲《素書》作注，但不能由此歸屬其僞撰者爲張商英，而是另有其人。

美芹十論

1978　蔡義江、蔡國黃，辛棄疾《美芹十論》作年考辨，杭州大學學報，1979
　　　（3）

　　　【解題】該文認爲《美芹十論》作於乾道四、五兩年。

1979　劉浦江，辛稼軒《美芹十論》作年確考，古籍整理研究學刊，1990（2）

　　　【解題】經過對《美芹十論》從內外兩個方面進行客觀的分析論證之後，《稼軒集抄存》標題的「乾道乙酉進」是完全正確的，《十論》之屬稿應始於隆興二年秋冬之際，而完成和奏進則在乾道元年。關於乾道四、五年間進於建康府通判任上的說法，是完全錯誤的。

1980　辛更儒，《美芹十論》的確切作年再考，浙江學刊，1997（2）

　　　【解題】辛稼軒作《十論》時，宋金關係既不處於交戰狀態，也不處於議和之後，而正在戰和尚未明朗的膠著狀態下，所以《十論》各篇反覆討論的乃是宋金的和、戰前途問題，而這正是隆興二年十一月前局勢的反映；此外，又舉四例以證其作於隆興二年，並對作於乾道元年及以後諸說進行駁難。

醫家類

難經

1981　秦伯未，《難經》之研究，中國醫學院院刊，1928（1）

1982　何愛華，我對《難經》著作年代問題的商榷，上海中醫藥雜誌，1958（4）

1983　李今庸，《難經》成書年代考，河南中醫學院學報，1979（4）

1984　何愛華，評《〈難經〉著作年代考》，湖南中醫學院學報，1985（3）

1985　萬方，再談關於《難經》著作年代的幾個問題——兼與何愛華先生商榷，湖南中醫學院學報，1986（4）

1986　姜少灝，《難經》成書年代小議——從「診籍」看《難經》成書年代，湖南中醫學院學報，1987（1）

　　【解題】《難經》的成書年代，在「診籍」之後，而且二者之間有較長的年代差距。如果把從西漢墓中發掘出來的所有醫學資料中沒有任何有關《難經》記載這一點作爲佐證的話，似又可以推論《難經》的成書年代當在東漢，其作者決不是扁鵲。

1987　張瑞麟，《難經》作者之我見，中華醫史雜誌，1995（2）

　　【解題】從《難經》本身的學術觀點及其發展變化史蹟考察，提出兩點有力的內證，又從兩漢時期的文獻推敲，得到三個方面的佐證，從而認定《難經》是戰國時期的作品，其作者是秦越人。

1988　張瑞麟、張勇，略論《難經》成書於戰國時期的內證，中醫文獻雜誌，2000（3）

銀海精微

1989　來雅庭，《銀海精微》成書年代及作者考，河南中醫，1988（4）

1990　張弛，《銀海精微》作者小考，成都中醫學院學報，1991（3）

1991　高健生，《銀海精微》成書年代考，中國中醫眼科雜誌，1996（4）

1992　干祖望，《銀海精微》——僞書話題之二，江蘇中醫，2001（5）

1993　范玉蘭，《銀海精微》的成書時間、學術淵源、學術成就研究，成都中醫藥大學碩士論文，2007

1994 和中濬、范玉蘭,《銀海精微》成書時間諸說考辯,中華中醫藥學會第
九屆中醫醫史文獻學術研討會論文集萃,2006

1995 章紅梅,《銀海精微補》作者及版本考,江西中醫學院學報,2012（6）
【解題】據多部典志、史志、方志的記載,對《銀海精微補》作者趙雙
璧的籍貫、履歷及版本進行考證,認爲其號景陵,是以籍貫爲號;爲康熙初
年武探花,後任安東衛守備;當生於清順治時期,卒於康熙年間。經實地調
研考察,其唯一版本爲清康熙十三年（1674）奉天府安東衛刻本,非此前中
醫文獻工具書中的「朝鮮安東衛」刻本;同時對其刊刻時間,序文作者姓名
進行了勘誤。

素問病機氣宜保命集

1996 金壽山,關於《素問病機氣宜保命集》的作者問題,上海中醫藥雜誌,
1963（8）

1997 傅再希,《素問病機氣宜保命集》的作者問題,江西中醫藥,1981（1）

1998 程寶書,《素問病機氣宜保命集》著者之考辨,中醫藥學報,1984（4）

1999 陳克正,對「《素問病機氣宜保命集》著者之考辨」一文的補充和商榷
意見,中醫藥學報,1985（5）

2000 鮑曉東,《素問病機氣宜保命集》的作者辨析,浙江中醫學院學報,1991
（5）

2001 邊文靜,《素問病機氣宜保命集》作者與學術思想研究,河北醫科大學
碩士論文,2011

瘡瘍經驗全書

2002 干祖望,談中醫外科僞書之一──《瘡瘍經驗全書》,上海中醫藥雜誌,
1957（7）

2003 干祖望,《瘡瘍經驗全書》──僞書話題之三,江蘇中醫,2001（6）

2004 王一童等,《瘡瘍經驗全書》作者及成書考,中國中醫基礎醫學雜誌,
2018（8）
【解題】《瘡瘍經驗全書》舊題著者爲竇漢卿,但係僞託其名,故該書
歷來被認爲是僞書。從該書早期版本的序文、跋文、文中夾註所透露出的作
者、成書過程、時間節點等諸多細節著手,並結合《錫山竇氏宗譜》中的宗

族傳承關係進行分析，認爲此書係竇夢麟以家傳善本及父親竇楠的試效方爲基礎，在其友人的協助下校勘、增補而成。同時對序文及夾註中提及時間節點的分析認爲，該書的輯著至晚於嘉靖四十三年（1564）開始，至早於隆慶三年（1569）完成。通過對該書作者及成書過程的考辨，以期爲更深入地探討該書的學術價値提供參考。

其他

2005　謝仲墨，醫史研究中的辨僞書工作，中醫雜誌，1960（5）

2006　尙啓東，華氏《中藏經》辨僞，安徽中醫學院學報，1982（2）

2007　何高民，《傅青主女科》是託名傅氏的「僞書」嗎，陝西中醫，1983（5）

2008　趙國華，《褚氏遺書》眞僞之我見，吉林中醫藥，1987（2）

2009　張同君，《崔眞人脈訣》辨僞，中醫雜誌，1990（10）

2010　王大淳，滑壽《麻疹全書》係僞書考，成都中醫藥大學學報，1997（1）

　　　【解題】針對近年來中醫史界依據滑壽《麻疹全書》的記載而提出「元代已經確立麻疹病名，明確地將痘（天花）與疹（麻疹）區分開來，並撰成專書」的觀點，對該書詳加考證，結果發現書中大量引述明淸以後醫書的內容；所用地名及「十九行省」之名數，均爲淸代所有；使用的藥物，如西河柳、櫻桃核等均爲明代中晚期以後才見記載。所謂元滑壽撰《麻疹全書》實爲後人假託的僞書，作僞時間可確定在光緒九年至三十一年之間，而此前據該書所作出的有關推論均不能成立。

2011　閔宗殿，從葡萄的歷史談到《神農本草經》的成書年代——讀《神農本草經輯注》筆記，中國農史，1997（4）

2012　包來發，中醫僞書辨，湖南中醫藥導報，1999（7）

　　　【解題】簡述了僞書的概念及歷代辨僞的概況，總結出中醫僞書的特點，即託名名醫的醫書多、分佈範圍廣、懷疑僞書者多、剽竊他人者極少；僞書同樣是有相當高的學術價値的，辨僞的目的在於恢復僞書的本來面目；對前賢於歷代僞書所作的結論及其辨僞的方法均不能盲從。

2013　張芙蓉、周益新，對《大小諸證方論》顧炎武序的質疑，中醫文獻雜誌，2005（4）

　　　【解題】《大小諸證方論》抄本，何高民認爲是傅山之作，其主要依據

爲傅氏友人顧炎武之序。但從顧氏的治學精神、爲文風格、作序宗旨及避諱知識等方面來分析，顧序作僞的可能性較大。

2014　李具雙，《本事方續集》辨僞，中醫文獻雜誌，2006（1）

【解題】通過梳理許叔微同年代及其以後書目文獻學家的記載，自許叔微去世後的近 700 年間，中國的書目文獻家沒有提到《本事方續集》一書；通過與《普濟本事方》學術觀點的比較，《本事方續集》疑爲後世俗醫所作而託名叔微。

2015　吳徵鎰、王錦秀、湯彥承，胡麻是亞麻，非脂麻辨——兼論中草藥名稱混亂的根源和《神農本草經》的成書年代及作者，植物分類學報，2007（4）

【解題】從清朝《植物名實圖考》和作者吳其濬對中國植物學的貢獻談起，引出胡麻在中國歷史上混淆的狀況。通過對中國古籍文獻中記載的兩種植物的形態性狀、地理分佈等證據的對比，並把醫藥各類問題放在歷史發展和階級分化的背景下考察，指出中國歷史上最早記載的胡麻當爲 Linum usitatissimum，這名稱在種植區的民間一直沿用至今，巨勝應爲 Sesamum indicum。中草藥名稱混淆的根源在於其性味功能相似而古人不重視其形態地理差別所致；《神農本草經》是陶弘景在《本草經集注》中的託古之作，該書確定以性味功能歸類是導致之後中藥名稱混淆的根本原因。

2016　葛紅，顧炎武《大小諸證方論・序》辨僞，世界中西醫結合雜誌，2009（1）

【解題】該文以道光五年（1825 年）劉樸庵《產門方論・序》爲關鍵證據，同時參閱《日知錄・醫師》相關內容，採用非正常分段、拼湊組合方式，分辨對比三者之間相互雷同的段落章節，獲得不容置疑的可量化結果。所謂的 1673 年「康熙癸丑仲秋東吳顧炎武拜序」的《大小諸證方論・序》，實際上是清末道光五年（1825 年）以後一般民間文人的僞託抄襲之作。

2017　錢超塵，《醫學切要》亟需辨僞與整理，中醫藥文化，2009（4）
2018　嚴季瀾，中醫古籍辨僞方法芻議，中醫藥優秀論文選（上），2009

【解題】中醫古籍辨僞方法有：查考歷代書目；分析醫書內容（從藥名考辨；從病名考辨；從方劑考辨；從地名考辨；從避諱考辨；從器具考辨；

從學術觀點考辨）；研究語言特點；考辨引用文獻。

2019　錢超塵，《傅青主女科》辨僞，第十二屆全國中醫藥文化學術研討會，
　　　2009

2020　荊麗娟，《素問六氣玄珠密語》版本流傳情況及與王冰《玄珠》眞僞辨
　　　疑，中華中醫藥學刊，2010（10）
　　　【解題】詳細梳理了《玄珠密語》流傳過程中各種版本的情況及特點，
介紹了歷代藏書家對《玄珠密語》是否爲王冰之《玄珠》的辨疑及所持觀點。
將《玄珠密語》與《素問》「七篇大論」內容比較，發現兩者在五氣經天、基
本概念、交司時刻、五音建運等方面有很大不同，該書應非王冰《玄珠》原
書，或是後人附託，或爲運氣學說其他流派的傳世文獻。

2021　高馳，中醫古籍僞書考辨，醫學與哲學，2011（12）
　　　【解題】中國古代醫學典籍之中，僞書做爲一種文化現象廣泛存在，所
涉及的具體情況頗爲複雜，若不明究竟，援引之間，難免發生訛誤；況且僞
書之中，又有優劣之別，文獻中可用與不可用的情況相互摻雜，不能劃一而
論，因此學者須仔細分辨。對於中醫古籍僞書的分析，意在正本清源，還學
術以本來面目，使那些錯誤和不確切的部分得以理清，從而使基於古文獻之
上所得出的學術結論更爲可靠。

2022　劉景超、李具雙，王好古《此事難知》成書年代考證，中醫文獻雜誌，
　　　2012（3）
　　　【解題】從王好古現存著作的成書年代、其他著作對王氏著作的引用情
況及同門師兄弟的生卒年代諸方面入手，考證《此事難知》一書的成書年代
當爲 1232 年。

2023　錢超塵、趙懷舟，傅山《臨產須知全集》辨僞，中醫文獻雜誌，2013
　　　（2～3）
　　　【解題】《臨產須知》非傅山所撰，對考證署名傅山的諸多醫書如《產
科四十三症》、《產後編》、《大小諸症方論》、《傅青主女科》之僞託眞相皆具
有重要意義。

2024　范崇峰，《修齡要指》作者、版本及內容考，中醫藥文化，2014（4）
　　　【解題】明代養生著作《修齡要指》應是冷謙總結前人養生經驗，結合

自身養生體會彙編而成的。冷謙爲修道之人，擅長音律、繪畫等，身世撲朔迷離，在世活動的時間從元末至明初約一百五十多年。《修齡要指》現存兩種刻本，共一卷九篇，養生方法涉及養性和養命兩方面。

2025　趙晨，《華氏中藏經序》的作偽問題略考——以語言學爲考察視角，牡丹江師範學院學報，2016（6）

【解題】《華氏中藏經序》是爲舊題漢華佗所撰《中藏經》一書所作的序言，共計412字。這則僅有四百餘字的序言中，竟然出現了助詞「道」、動詞「摧塌」等宋元時期的俗語。從語言學角度分析，《華氏中藏經序》很可能是宋元時期的偽作，甚至有出自元代人之手的可能。

2026　趙晨、沈紅，《中藏經》成書時代考述，語文學刊，2017（3）

【解題】舊題東漢華佗所撰的《中藏經》中，有不少語言現象是東漢所無的。這些新興的語言現象同時始於《中藏經》一書的可能性不大。《中藏經》並非東漢華佗所撰，而是後人偽託的作品。該書反映的語言時代爲宋代，且主要是北宋。把《中藏經》看作宋代成書的醫學典籍應該是比較可靠的。

天文算法類

周髀算經

2027　馮禮貴，《周髀算經》成書年代考，古籍整理研究學刊，1986（4）

九章算術

2028　陳直，《九章算術》著作的年代，西北大學學報，1957（1）

2029　鄒大海，秦漢量制與《九章算術》成書年代新探——基於文物考古材料的研究，自然科學史研究，2017（3）

【解題】考察了前人關於量制單位斛的使用不早於新莽的證據和論證，指出其中存在的問題，從出土文獻和傳世文獻兩個方面證明新莽以前就有斛的使用，同時也證明了一些被認爲是新莽時代特有的數字表示法是早已有之的。論文還分析新莽容積（體積）計量系統的繼承與變化；證明《九章算術》反映了時代更早的容積（體積）系統的特徵，它很可能是斛取代石的過程中之重要一環，而新莽銅嘉量的頒行則是這一過程中的里程碑，但並非終曲。

論文證明《九章算術》中石和斛分工、分別表示重量和體積（容積）很可能是耿壽昌所爲，這爲劉徽關於《九章算術》最後成書於耿壽昌的記載提供了新的證據。

數術記遺

2030　周全中，《數術記遺》辨眞，齊魯珠壇，1994（5）

2031　周全中，漢徐岳《數術記遺》「三才算」辨眞，齊魯珠壇，1995（4〜5）

2032　周全中，漢徐岳《數術記遺》「八卦算」辨眞，齊魯珠壇，1997（3）

2033　周全中，漢徐岳《數術記遺》「九宮算」辨眞，齊魯珠壇，1997（4）

2034　王爲桐、王世玉，與《數術記遺》「八卦算」辨眞者商榷（一），齊魯珠壇，1998（1）

2035　周全中，《數術記遺》是漢獻帝時徐岳寫的眞書，齊魯珠壇，2002（1）

2036　李培業，關於《數術記遺》的創作年代，珠算與珠心算，2003（1）

2037　周全中，漢徐岳《數術記遺》「五行算」辨眞，齊魯珠壇，2003（1）

2038　周全中，漢徐岳《數術記遺》「了知算」辨眞，齊魯珠壇，2003（3）

甘石星經

2039　錢寶琮，《甘石星經》源流考，《國立浙江大學季刊》，1937（1）

2040　蔡克驕、管成學，《甘石星經》是一部僞書考辨，自然辯證法通訊，2002（5）

　　【解題】《甘石星經》被錯誤地寫入大學歷史教材和中學歷史課本的「戰國時期的科學成就」一節，向廣大青少年錯誤地講授了二十餘年。該文通過對現傳本所謂《甘石星經》與《史記》、《漢書》、《後漢書》所引甘德、石申原文相比較，對所謂《甘石星經》中的地名的考證，對歷代古人關於《甘石星經》記載的考證，證明了《甘石星經》是一部唐、宋人僞託甘、石之名編寫的僞書。

其他

2041　董傑，《理法器撮要》的作僞意圖及其價值探析，古籍整理研究學刊，2013（5）

　　【解題】通過與同樣摘抄梅文鼎《平三角舉要》的數學著作進行比較，

《理法器撮要》是有意作偽，以牟財射利；並推測《理法器撮要》的出現與阮元搜集四庫未收書籍有關，也從側面表明明清傳入中國的西方天文、數學知識，經由清初中算家的會通與闡釋，此時已經逐漸被士人階層所掌握，從而促使社會科學素養的提升。

術數類

葬書

2042　許文芳、韋寶畏，《葬書》作者及成書時代考辨，伊犁教育學院學報，2005（4）
　　【解題】《葬書》的成書時代應該在北宋後期。

2043　袁方明，《葬書》的作者真偽考證，康定民族師範高等專科學校學報，2007（2）
　　【解題】《葬書》是後人偽託郭璞所作，大約成書於唐宋年間，其書的理論思想和郭璞的「生氣論」等有直接的淵源關係，是中國文化史上託古以傳道的文化現象。

2044　袁津琥，試論《葬書》的作者及其成書的年代，中國俗文化研究，2013
　　【解題】從文獻、音韻的角度加以考證，指出《葬書》的最後寫定的年代當在晚唐末年或北宋初年，其作者已不可考。

2045　余格格，郭璞《葬書》偽書考，浙江學刊，2016（5）
　　【解題】題爲郭璞所撰的《葬書》，關於其成書時間及作者，歷來聚訟紛紜。通過早期文獻著錄郭璞《葬書》的情況，以及相地術內在的發展理路，論證郭璞《葬書》實際上是宋代南方人士託名所作的偽書，爲託古改制而託名於相地行業先師郭璞。其成書上限不早於北宋《地理新書》成書之時，下限不晚於南宋紹興年間。而書中論及的擇葬依據，一反隋唐以來主流的五音姓利法，爲宋以後相地理路的發展構建了新的理念與方式，亦印證了此書成書之晚。

其他

2046　陳久金，《渾天儀注》非張衡所作考，社會科學戰線，1981（3）
2047　李遠國，《正易心法》考辨，社會科學研究，1984（6）

藝術類

續畫品

2048　施傑，《續畫品錄》別考，美苑，2002（4）

2049　唐朝暉，再探《續畫品》著作者，美術大觀，2009（1）

山水論

2050　韓剛，王維《山水論》證實，特殊與一般——美術史論中的個案與問題」第五屆全國高校美術史學年會會議論文集，2011

2051　韓剛，王維《山水論》非僞託考，美術觀察，2012（3）

2052　李慧國，王維《山水論》仍疑僞託——與韓剛老師商榷，南京藝術學院學報，2012（6）

2053　韓剛，《王維〈山水論〉非僞託考》補證——兼答李慧國《仍疑僞託》一文，南京藝術學院學報，2013（2）

【解題】主要運用文獻考古層位法對李慧國《王維〈山水論〉仍疑僞託》之商榷意見作出答覆，同時補證作者《王維〈山水論〉非僞託考》，重申《山水論》乃王維爲當時「畫工」而作之著色山水培訓教程。

2054　張玉金，正本溯源——王維《山水訣》《山水論》眞僞辨，美術學報，2017（3）

【解題】從畫論本體文意與該作者本體綜合修養二者契合度，以及該畫論作者所傳世繪畫作品風格與所做畫論關聯度，來考證畫論著作權的歸屬及眞僞，是直接和科學的考據方式。畫論《山水訣》契合王維的綜合修養及其退隱山林之心境，也和他傳世水墨作品風格技法相吻合，應該非僞。但《山水論》爲僞託之作，應該還荊浩《山水賦》以著作權。

荊浩

2055　徐復觀，荊浩《筆法記》的再發現，中國藝術精神，臺北：中央書局，1966；上海：華東師範大學出版社，2001

【解題】爲《中國藝術精神》第六章，章節目錄如下：

第一節　荊浩著作的著錄情形

第二節　《山水訣》、《山水論》、《山水賦》的混亂

第三節　另一部《山水訣》的問題

第四節　荊浩的《山水訣》即《筆法記》

第五節　《筆法記》校釋

其他

2056　余紹宋，書畫書錄解題，北京：北平圖書館，1932；杭州：浙江人民
美術出版社，2012

【解題】本書卷九專論偽託。論及書目如下：

一、書部

筆陣圖一卷、筆勢論一卷、草書百韻歌一篇、書評一卷、筆髓論
一卷、歐陽率更書三十六法一篇、張長史筆法十二意一卷、九品
書一卷、別本書斷四卷、論篆一卷、冰陽筆訣一卷、續書品一卷、
春雨雜述一卷、東溪書法一卷

二、畫部

山水松石格一卷、後畫錄一卷、續畫品錄一卷、畫學秘訣一卷、
山水論一篇、豫章先生論畫山水賦一卷、筆法記一卷、山水訣一
卷、畫論一卷、紀藝一卷、華光梅譜一卷、宣和論畫雜評一卷、
畫山水訣一卷、趙氏家法筆記一卷、管夫人墨竹譜一卷、唐六如
畫譜三卷、繪妙一卷、湖州竹派一卷、芥子園畫傳四集四卷、煙
雲供養錄一卷

三、書畫部

鐵網珊瑚二十卷、蕉窗九錄無卷數、書畫總考二卷

2057　徐復觀，逸經地位的奠定——《益州名畫錄》的研究，中國藝術精神，
臺北：中央書局，1966；上海：華東師範大學出版社，2001

2058　王伯敏，李嗣真《續畫品錄》辨，美術研究，1979（4）

2059　張秀琴，盧谷《辛卯八月雜畫冊》探討，（臺灣）造形藝術學刊，2003

2060　徐清，20 世紀中國書學疑古考辨之研究，浙江大學博士學位論文，2004

2061　凌利中，董其昌《各體古詩十九首卷》辨偽及作者考，上海博物館集
刊，2005

2062　徐清，20 世紀中國書法文獻辨偽綜論，圖書館理論與實踐，2007（2）

2063　張東方，謝赫《古畫品錄》成書年代問題考辨，四川大學碩士論文，

2007

2064　彭德，書畫古籍辨偽，中國書畫，2009（4）

2065　彭德，書畫古籍辨偽，中國書畫，2009（5）

2066　喬光輝、郭威、王駿，《宣和牌譜》瞿祐作辨偽，中華文化論壇，2009
　　　（1）

　　　【解題】《宣和牌譜》並非瞿祐作品，而是後人偽託之作。

2067　李慧斌、李慧淨，宋代的書法辨偽及其學術意蘊，遼寧省博物館館刊，
　　　2009

2068　楊亮，《篆學指南》辨偽，圖書館雜誌，2010（2）

2069　潘猛補，王穉登《弈史》辨偽，圖書館雜誌，2012（12）

　　　【解題】《弈史》內容乃與王世貞《弈旨》、《弈問》完全相同，實爲書
　賈假託王穉登之名，乃造偽之作。

2070　林圭，從蔡襄《郊燔帖》辨偽說到古代書法鑒定的方法問題，中華書
　　　道，2012（78）

2071　葛敬生，傅山草書《題書自笑八韻》辨偽（上），文物鑒定與鑒賞，2013
　　　（5）

2072　葛敬生，傅山草書《題書自笑八韻》辨偽（下），文物鑒定與鑒賞，2013
　　　（6）

2073　易善炳、徐兆軒，關於蕭繹《山水松石格》與王維《山水訣》再探討，
　　　新疆藝術學院學報，2014（1）

　　　【解題】蕭繹《山水松石格》與王維《山水訣》行文開端格調基本一致，
　描寫內容如出一轍，與同期畫論作比較，文法迥異，但兩者相比較，確有不
　謀而合之處，甚至感覺兩者的篇名可以互換。故而推斷這兩篇畫論係同一人
　所作偽，可能係北宋初期之前的山水畫家所作。

2074　韓剛，梁元帝《山水松石格》證實，南京藝術學院學報（美術與設計），
　　　2017（4）

　　　【解題】立足回歸原境之方法論原則，在對前賢所謂《山水松石格》偽
　託內容進行較詳細辨正之同時，主要從中古畫論生長史角度，通過整體內容、
　四六句書啓文體、開篇處形上之思、篇幅、墨法、色彩心理感受、比例問題
　與證據鏈等方面之考察，證實該篇當爲梁元帝蕭繹撰。

2075　劉玉龍，《山水松石格》考徵，文藝研究，2018（2）

　　【解題】今傳梁元帝蕭繹《山水松石格》與歷代文獻著錄的《畫山水松石格》《松石格》實爲同篇異名。蕭繹原著有《畫山水松石格》一文，當是他爲後人傳授繪畫筆法的書啓，或爲蕭繹本人撰寫，或爲其傳授主旨思想，託付他人秉筆。無論撰者爲誰，其首次刊印，當署名「梁孝元皇帝」「湘東殿下」或「梁元帝」。是篇在輾轉傳抄中出現缺損、舛訛，後世多認爲其文辭鄙俗，且蕭繹無傳世山水、松石，而視其爲僞書。然考其内容，十之六七類六朝人語，且精言要義出於《畫山水松石格》原著無疑。

雜家類

墨子

2076　張爾田，原墨篇，中國學報，1916（3）；古史辨（第四冊），北京：樸社，1933

2077　胡適，墨辯與別墨，中國哲學史大綱，上海：商務印書館，1919；古史辨（第四冊），北京：樸社，1933

2078　梁啓超，《墨子》年代考，古史辨第四冊，北京：樸社，1933

2079　朱希祖，《墨子・備城門》以下二十篇係漢人僞書說，清華週刊，1929（9）；古史辨（第四冊），北京：樸社，1933

2080　張煊，《墨子・經說》作者考，古史辨（第四冊），北京：樸社，1933

2081　楊寬，墨子各篇作期考，學藝，1933（10）

2082　孫次舟，《墨子・備城門》以下數篇之眞僞問題，古史辨（第六冊），上海：開明書店，1938

2083　欒調甫，墨子書之傳本源流與篇什次第，古史辨（第六冊），上海：開明書店，1938

2084　羅根澤，墨子探源，國立中央大學文史哲季刊，1943（1）；諸子考索，北京：人民出版社，1958

2085　嚴靈峰，現存墨子諸篇内容之分析及其作者的鑒定，幼獅學誌，1967（3）

2086　李漁叔，《墨經》眞僞考，墨辯新注，臺北：臺灣商務印書館，1968

　　【解題】《墨經》上下四篇（即《經上、下》《經説上、下》），當爲墨子

自著，或至少亦係及門弟子親承教授紀錄而成。

2087　朱志凱，《墨經》作者辨析，學術月刊，1984（9）
　　　【解題】墨子出於組織發展和學術傳承的需要，特作《經上、下》，以「經」爲篇名，賦之以「經」的形式，用來統率墨家組織，這完全是可能的；在《經上、下》沒有說到「墨者」、「子墨子」曰等，亦可作爲《經上、下》是墨子自著的佐證。

2088　陳孟麟，關於《墨辯》作者問題──和臺灣師範大學李漁叔教授商榷，
　　　山東師大學報，1996（1）
　　　【解題】從哲學社會科學方面，較之墨子，《墨辯》無論認識論、邏輯學和政治理論，都進入一個新的高度，這都是在墨子思想基礎上，繼承、批判和發展的結果。故《墨辯》六篇（即《經上、下》《經說上、下》《大、小取》）不可能爲「墨子自著」。

2089　鄒大海，《墨經》不應爲墨子所自著──從詹劍峰先生關於《墨經》四
　　　篇著作時代的論述說起，安徽史學，2003（4）
　　　【解題】80年代以來，由於考古發現給對古書年代的估定帶來了新的認識，反對《墨經》成於戰國後期，主張《墨經》爲墨子所自著的學者漸漸多起來。該文通過細緻的分析，認爲墨子自著說的各項論據皆非充分條件，而其中作爲墨子自著《墨經》最強證據的「墨子獻書楚惠王」一事，則因其內容與《墨經》不合而其實並無力量；又據《莊子·天下》篇等材料，推定《墨經》成於墨子晚年至公元前4世紀中葉墨家分裂以前這段時間之內。

2090　李光輝，《墨子》成書年代及著者考證綜述，殷都學刊，2006（4）
　　　【解題】對《墨子》全書的結構作一分析，考證各篇的成書年代及著者，是系統研究墨學的一個重要內容。學術界對這一問題的考證眾說紛紜，分歧一直很大。《墨子》是墨家的一部著作總集，各篇大致成書在戰國至漢初這一期間。

2091　徐華，今本《墨子》前七篇新考，古籍整理研究學刊，2009（2）
　　　【解題】通過對今本《墨子》前七篇的分析和研究，推斷《親士》、《修身》二篇當屬墨子早年自著，而《所染》至《三辯》五篇則應爲其早期門人弟子所記。

2092　丁四新，《墨語》成篇時代考證及墨家鬼神觀研究，人文論叢，北京：
　　　中國社會科學出版社，2010

　　【解題】《墨語》諸篇（特別是前四篇）不是墨子早期思想的材料，而是孟莊並時及其後之墨者言論的彙集，主要反映了墨家後學的思想；篇中所謂「子墨子曰」者，主要爲依託之言，或係對儒者的呵斥，或係對「弟子」的釋疑，或係對諸侯大夫的勸說。

2093　張學君，《墨子》前七篇作者考，吉林師範大學學報，2011（2）

　　【解題】《墨子》前七篇基本爲墨子自著，它就是學術史上向來沒有落實的所謂「墨經」。

2094　姜寶昌，析《墨經》當出後期墨家之手，武漢大學學報，2013（5）

　　【解題】《墨經》所述內容、撰寫體例與《墨子》的兼愛、非攻等十大主張的有關篇章的內容論述形式和撰寫體例是完全不同的；《墨經》應爲後期墨家所作。

2095　李銳，先秦古書年代問題初論——以《尚書》《墨子》爲中心，學術月
　　　刊，2015（3）

　　【解題】先秦古書的年代問題，一直是研究古代學術思想的基礎，深受重視。近些年出土的簡帛古書，不僅直接揭示了一些古書的形成年代，更使我們對過去的觀念和方法有了反思。但是國際漢學界對有關問題的看法卻並不統一，其中與中國學界差別較大的是今文《尚書》和《墨子》「十論」中一些篇章形成年代的問題。漢學界關於《墨子》以及相關子書的一些討論之所以不足信，一個很大的原因是所用的方法——從「思想系統」上或「思想線索」上來討論問題，用文字、術語來替古人著作做「凡例」，根據詞彙分析學派、年代的方法，這些方法都存在問題；他們都想通過某種方法，把《古書通例》所講的師弟子不分的學派集體著作，作線性的早晚發展分析，仍然是在進化論的觀念指導下的線性思維，把古書的形成簡單化。作者主張應利用古書形成過程中的「族本」觀念來解釋有關問題：「族本」系統是文本的源頭；「族本」之下，每一個寫成文字的文本便成爲此一流傳系統的「祖本」，每個系統之下是同源異流的文本流傳系統，同源異流的文本流傳系統之中，最極端的是源流一線傳遞的文本流傳系統；「族本」之間，同源異流的文本之間，雖然可以用詞彙法等判斷早晚，但這只是文本寫定時代的早晚，只具有參考

意義，並不是文本來源的早晚，只有源流一線傳遞的文本流傳系統內的文本，判定其早晚才是可靠的。如《墨子》「十論」諸同文之間，雖然從文辭、詞彙、故事等看出早晚之別，但是這只具有參考意義，並不足以作爲思想早晚的根據，其思想來源是相同的；而今日流傳的各種《墨子》，如道藏本、四庫本等，則各自成爲一流傳系統，其時代雖有早晚之別，但這只具有參考意義，在選用底本、校勘時，有一定作用，但這種時代早晚，並不代表道藏本與四庫本之來源本的早晚。

2096　張懋學，《非儒》成篇年代考，齊齊哈爾大學學報，2015（6）

　　【解題】將《非儒》與墨子、《孟子》、《孔叢子·詰墨》三者進行比較，並結合墨家的思想演變來考辨，認爲《非儒》成篇大約在孟子之後與秦焚書前的 70 年之間，可能作於荀子之時或稍後。

2097　馬越，「自著還是編著」：《墨子》成書問題新探，職大學報，2017（6）

　　【解題】《墨子》「十論」或晚於《墨經》成書。《墨經》爲墨子在吸收前人成果基礎上的編著而非完全自著。「十論」或爲墨子弟子對《墨經》的闡釋。《墨經》是以墨子爲代表的工匠階層在勞動實踐中的「工作記錄」，而「十論」則是對這一記錄的「理論總結」。瞭解這些，讓我們對《墨子》的成書和作者問題有了新認識，對《墨經》的性質也有了新界定。

鬼谷子

2098　蕭登福，《鬼谷子》眞僞考，中華文化復興月刊，1983（11～12）

2099　金德建，《鬼谷子》述作考，管子學刊，1988（1）

　　【解題】今本《鬼谷子》係戰國蘇秦以及西漢司馬遷、東漢服虔所見的舊物，的確是一部先秦古書，並非後世僞造。《鬼谷子》雖然是蘇秦的書，卻不能夠當作是蘇秦寫作，除《鬼谷子》中《揣》、《摩》應該是蘇秦自著外，其他大多是鬼谷先生遺留下來的。《鬼谷子》成於齊地，大約爲戰國中期的後半以及晚期之初，是齊、秦爭強期階段的產物。《鬼谷子》學問是傳承齊地呂尚學問流衍而來；其述作者與《周禮》述作者有契合關係，可能是齊地稷下學者中黃老派傾向的人物。

2100　陳蒲清，關於鬼谷子和《鬼谷子》，湖南教育學院學報，1991（4）

2101　李學勤，《鬼谷子·符言》篇研究，中國史研究，1994（4）

【解題】以新出簡帛爲材料進行論證，《鬼谷子・符言》顯係古書，以《鬼谷子》即《漢志》所載《蘇子》的論證還是值得考慮的。

2102　麻天祥，清代學者對《鬼谷子》研究的貢獻，文獻，1996（3）

【解題】《鬼谷子》長期被誣爲僞，主要是其與「正統」相悖離，被正統文人借題發揮。先秦實有鬼谷其人，爲縱橫家蘇秦、張儀之師，《史記》記述雖簡，言之鑿鑿。俞樾爲《鬼谷子》研究的集大成者，肯定該書爲先秦縱橫家所存之書，既集碑史、傳說以考其變遷，又兼取眞僞說以資比較，考證之詳，遠邁前古。

2103　陳炎，鬼谷子，古典文學知識，1998（6）

2104　鄭傑文，《鬼谷子》哲學與《老子》哲學，齊魯學刊，1999（1）

【解題】《鬼谷子》把《老子》的「陰陽化生」學說運用到社會科學領域，並依此來分析社會事件的陰陽屬性和變化發展，發揮人的能動作用，促使社會事件陰陽轉化；又把《老子》的「弱用之道」發展爲游說、操縱君主決策的種種權術，在社會事件陰陽變化的「幾微之動」中用這些權術使其朝著有利於己的方面發展，成爲縱橫捭闔鬥爭的哲學指導，並爲後人提供了一種以弱勝強的方法論借鑒。

2105　杜勇，《鬼谷子》著作時代芻議，天津師範大學學報，2003（6）

【解題】《鬼谷子》在《漢書・藝文志》中未見著錄，因此長期被認爲是一部僞書；但近年大量簡帛佚籍的出土，說明《漢志》所錄並非當時舊籍的全部。從漢儒稱引《鬼谷子》文句看，它應是一部先秦舊書；書中遣詞造句常取古義、多用韻語的特點，體現了戰國時期的文體風格，從一個側面說明《鬼谷子》的作者不是東漢或六朝的好事者，而是戰國時期的鬼谷先生。

2106　陳蒲清，《鬼谷子》寫作年代考證，長沙大學學報，2005（1）

【解題】《鬼谷子》內篇是先秦著作，其中的前11篇是鬼谷子原作，而《符言》是從《管子》混入的，外篇是唐朝人的作品。

2107　許富宏，《鬼谷子》眞僞及文學價值，西北師範大學博士學位論文，2004

【解題】主要涉及《鬼谷子》的眞僞問題、作者問題、成書問題等問題。
（1）分別從文獻學考察、與出土文獻及傳世文獻作比較、先秦思想史、語言發展史等五個方面，對眞僞問題進行全面分析論證，認定《鬼谷子》不是僞

書，應是戰國中期作品。（2）從用韻特點看，《鬼谷子》的第一部分《捭闔》等六篇、《符言》篇、《本經陰符》，其作者應爲鬼谷子本人；《揣》等五篇，其作者當爲鬼谷先生的弟子中縱橫家一派；《持樞》、《中經》，其作者可能是鬼谷先生的門人或後學。他早年可能曾傳授孫臏、龐涓兵法，後入齊國，做過齊稷下先生，並在齊地傳授蘇秦、張儀縱橫捭闔之學，晚年隱居於鬼谷著述，並教尉繚兵法，世稱鬼谷先生。後世有人稱其王栩、王禪、劉務滋等均不可靠。關於成書問題。根據今本《鬼谷子》的殘缺情況，將其分爲三組，通過分析得出這三組作品非一人所作，而是鬼谷先生的三個不同派別的學生把老師鬼谷先生的作品放在前，把自己的述作放在後而形成的。《捭闔》等六篇爲鬼谷先生作，《揣》等五篇是其弟子中縱橫家一派所作，其縱橫家弟子作了編輯工作。這次的編輯，形成今本《鬼谷子》的一個源頭；《符言》爲鬼谷先生所作，《轉丸》等兩篇已遺失的作品，當爲其弟子中道家一派所作，他們把鬼谷先生的作品放在前，把自己的述作放在後，形成今本《鬼谷子》的另一個源頭；《本經陰符七術》爲鬼谷先生作，《持樞》等爲其弟子中其他學派中的人所作，這些弟子或門人把鬼谷先生的作品與自己的述作放在一起，形成今本的第三個源頭。前兩個源頭被劉向整理編輯成一個本子，這是《鬼谷子》的第一次成書；第三部分在西晉之前也被編入《鬼谷子》中，從而形成《鬼谷子》三卷本，這是《鬼谷子》第二次成書。

2108　許富宏，鬼谷子研究，上海：上海古籍出版社，2008

　　【解題】該文相關部分目錄如下：

　　上編　《鬼谷子》眞僞考辨

　　　　第一章　《鬼谷子》僞書說辨正

　　　　第二章　從出土文獻看《鬼谷子》的眞僞

　　　　第三章　從傳世文獻看《鬼谷子》的眞僞

　　　　第四章　從思想史的角度看《鬼谷子》的眞僞

　　　　第五章　從漢語史的角度看《鬼谷子》的眞僞

　　中編　《鬼谷子》作者與成書

　　　　第六章　《鬼谷子》的成書過程與作者

　　　　第七章　鬼谷子的生平與時代

　　　　第八章　《鬼谷子》的學派歸屬

　　　　今按：此書即爲許氏博士論文之修改本。

2109　馮立，《符言》篇爲《鬼谷子》原有篇章考，語文知識，2009（1）

【解題】《鬼谷子·符言》篇的眞僞，學術界歷來爭議很大，多數人認爲是僞作；有學者根據《符言》篇的成文與《管子·九守》篇的相似性，進一步認定是從《管子》中羼入的，這種觀點幾成定讞。但近年隨著出土文獻的研究和先秦黃老思想的進一步解讀，越來越多的證據佐證《符言》並非從《管子》中羼入的，而是《鬼谷子》原有篇章。從出土文獻研究和傳世文獻解讀出發，綜合前人研究成果，力證《符言》篇爲《鬼谷子》原有篇章。

2110　孫興國，鬼谷子其人及其書的考辨，現代語文，2009（10）

【解題】通過對《鬼谷子》思想内容的分析和歷代著錄文獻的考辯，考證鬼谷子其人應是縱橫家神秘其道的產物，而《鬼谷子》一書則是魏晉間人在周秦縱橫學著作的殘篇遺意的基礎上加工、整理而成的，其書不全僞。今按：結論恐難成立。

2111　許富宏，《鬼谷子》集校集注，中華書局，2010

2112　阮素雯，《鬼谷子》蘇秦僞作質疑，鄭州大學學報，2010（5）

【解題】對學界蘇秦著錄《鬼谷子》一說不敢苟同，因爲：《漢書·藝文志》獨載《蘇子》而不錄《鬼谷子》；《蘇子》其文與《鬼谷子》不類；馬王堆帛書對《鬼谷子》和《蘇子》並行於世提供了佐證；蘇秦生平沒有親筆著述。是以《鬼谷子》不是《蘇子》，亦非蘇秦僞作。

2113　康曉瑋，《鬼谷子》眞僞考略，鄭州大學碩士學位論文，2012

【解題】主體部分考證《鬼谷先生事略》、《〈鬼谷子〉眞僞考》並非俞樾著作，而出自俞樾《中國政略學史》，並綜合多家觀點，將《鬼谷子》與《說苑》、《隋書·經籍志》、《戰國縱橫家書》分析對比，結合前人相關研究，認爲今本《鬼谷子》原貌爲二卷，並進一步論證俞樾「述師說」的合理性。

2114　蔡瑤，《鬼谷子》文獻研究，瀋陽師範大學碩士學位論文，2015

【解題】《鬼谷子》作爲先秦時期流傳下來的唯一一部縱橫家的理論著作，是對縱橫家的權謀策略和游説技巧的總結。論文分爲三個部分進行論述：第一章分爲兩節主要寫《鬼谷子》一書的眞僞和注本。第一節内容主要是《鬼谷子》僞書説的由來、依據以及眞僞辨別。首先介紹僞書説的由來以及其認爲是僞書的依據，然後通過對其依據進行分析，找到其荒謬和不合情理之處，

從而得出《鬼谷子》一書確爲先秦舊作這一結論。除此之外本文還採用了對比法，將《鄧析子》、《管子》與《鬼谷子》進行了對比。因爲這些文獻在内容上十分相似，所以通過這些書籍的傳世文獻的對比來辨別《鬼谷子》一書的眞僞。

尹文子

2115 唐鉞，尹文和尹文子，清華學報，1927（1）
　　【解題】第一部分考證尹文的學派、國籍、年代，第二部分考證《尹文子》。

2116 羅根澤，《尹文子》探源，文哲月刊，1936（8）；諸子考索，北京：人民出版社，1958

2117 蒙傳銘，《尹文子》辯證，臺灣師範大學國研所碩士學位論文，1959；臺灣師範大學國文研究所集刊，1960（4）

2118 金德建，宋鈃、尹文三論，先秦諸子雜考，鄭州：中州書畫社，1982
　　【解題】論宋鈃、尹文不屬於稷下學派，又釋宋鈃、尹文「君子不爲苟察」說，並考察宋鈃、尹文所著《樞言》、《心術》、《白心》、《内業》等篇與《莊子·天下》篇對宋鈃、尹文記載的貫通性。

2119 周山，《尹文子》非僞析，學術月刊，1983（10）
　　【解題】對《尹文子》一書的「僞託」之説作了分析，認爲《尹文子》爲後人僞託，並無根據；應該重視《尹文子》中「名理」思想的研究。

2120 胡家聰，《尹文子》與稷下黃老學派——兼論《尹文子》並非僞書，文史哲，1984（2）
　　【解題】《尹文子》乃是戰國時代在齊國都城臨淄稷下學宫講學的道家學者尹文及其學派的遺著，對於探討稷下道家黃老學派及其學說頗爲重要。

2121 董英哲，《尹文子》眞僞及學派歸屬考辨，西北大學學報，1997（3）
　　【解題】《尹文子》雖殘而眞，並非僞書，應屬名家。

2122 邵蓓，尹文及《尹文子》，中國史研究，1999（2）
　　【解題】今本《尹文子》留有鮮明的戰國時代印記，其内容與尹文出身齊國，遊學稷下的背景一致，應是戰國後期出於齊稷下的作品。但今本已並

非戰國的原本，其中有後人竄入的部分，在研究時需要辨別清楚。

2123　程水金，《〈尹文子〉序》之寫作年代論略——以公孫龍的學術史資料
　　　為觀照背景，長江學術，2015（3）

　　【解題】漢唐以迄明清之際，學者皆以《史記》所載孔門弟子公孫龍與
六國辯士公孫龍為一人，從而形成一種謬誤的歷史話語體系。因此，與辯者
公孫龍相關的一切學術史料均與孔門弟子公孫龍發生年代誤植。《〈尹文子〉
序》稱尹文與宋鈃、彭蒙、田駢同學於公孫龍，正是這一年代誤植所衍生的
學術話語。而歷來辨偽諸公不明是理，既據此年代誤植而以《尹文子》為偽
書，又以序文自署「仲長氏」為仲長統，進而定序文出於偽託。年代誤植，
其來有自，不足以定《尹文子》為偽書，「仲長氏」亦非仲長統，乃仲長統家
族晚輩。其序文寫作年代當在魏晉易代之際。今存《尹文子》既非偽書，其
序文亦非偽託。

慎子

2124　羅根澤，慎懋賞本《慎子》辨偽，燕京學報，1929（6）
2125　羅根澤，慎懋賞慎子傳疏證，國學叢編，1931（4）
2126　嚴挺，慎懋賞本慎子辨偽補，光華大學半月刊，1933（3）
2127　金德建，慎子流傳與真偽，廈門圖書館聲，1933（5）
2128　方國瑜，慎懋賞本慎子疏證，金陵學報，1934（2）

子華子

2129　壽普暄，子華子考，（臺灣）師大學刊，1942（1）
2130　晁福林，子華子考析，史學月刊，2002（1）

　　【解題】子華子是老莊之間道家別派的重要人物，今本《子華子》為宋
代偽撰。

2131　王獻松，《子華子》研究，武漢大學碩士學位論文，2013

　　【解題】論文分為三部分：第一部分主要回顧此前學者對《子華子》一
書的研究概況，分南宋至清代和近百年以來兩個時段，古代學者的研究主要
集中在對《子華子》真偽爭論上，近百年以來學者們雖然開始關注該書的思
想內容。第二、第三兩部分主要從文獻辨偽和思想研究兩個方面展開。第二

部分檢討古代學者在《子華子》辨偽工作中的缺陷和不足，並指出部分有價值的內容；通過辯證劉建國《〈子華子〉偽書辨正》一文，說明其中證明《子華子》爲眞書的證據並不可信；在前人辨偽基礎上，結合一些新的發現，通過直接證據和輔助證據對《子華子》進行系統辨偽，以證明《子華子》確係偽書，且判定此書作偽於元豐三年（1080）至紹興二十一年（1151）之間的 70 餘年間。第三部分主要針對作偽者偽造部分的內容，從宇宙論、政治哲學和中醫養生學說三個方向展開，宇宙論一節主要分析宇宙的概念、宇宙生成學說、宇宙運動及其動力，以及人與宇宙本源（道）的關係等，政治哲學一節主要從「禍亂起於欲善而違惡」的主張和「以道治國」及其圖景兩個方面闡述其無欲、無爲的施政方針，中醫養生學說一節主要從五行五臟說、養生貴在養氣、醫藥理論三個方面進行論述。最後又綜合書中的主要思想，結合前人對《子華子》典籍分類的觀點，認爲《子華子》在目錄分類上應歸屬於道家類。

2132　劉碩，《子華子》斠疏，東北師範大學碩士學位論文，2017

【解題】論文由兩大部分組成。第一大部分爲緒論，其中包括四個方面的內容。一是《子華子》其書的研究綜述。主要分爲南宋、金元、明、清、近代和建國以來六個階段，主要分析了自《中興館閣書目》以來對於《子華子》一書眞偽討論的方法和結論，明晰了研究的逐漸深入程度，爲後來的研究做了較爲充分的基礎工作。二是對於「子華子」與「程本」其人的考辨，主要包含姓氏和國別的討論，結論認爲在證據不充分的情況下，不能僅僅依靠其中的一種可能性來對「子華子」其人的國別進行判斷，而應該秉持「多聞闕疑」的態度，羅列出更多的可能性。三是《子華子》一書的版本概述。《子華子》的版本有全本、注本和節選本，在這裡都進行了介紹和羅列。本文所用來校勘的主要是全本的《子華子》。四爲《子華子》偽書性質的考辨。此部分以第一部分爲基礎，對於前人已經闡述較爲詳盡的內容不加以贅述，主要通過史源學的方法查考《子華子》一書中的史料來源。之後以此進行詳細地對照與比勘，來論證《子華子》其書眞偽的性質。這種類似「異文」的情況可大致有四種類型。第二大部分是本文的主體。即以正統《道藏》本爲底本，主要通過本校、對校和他校的方法來進行校勘。校勘的內容包含了偽劉向《〈子華子〉序》和《子華子》十章。《子華子》的疏證部分，其中以查考其引用書目的內容爲主，並加以注釋。注釋的方法主要依據古注和今人注說，並案以

已説。

尸子

2133　孫次舟，再評《古史辨》第四冊：（上）論《尸子》的眞僞，古史辨（第六冊），上海：開明書店，1938

2134　張西堂，《尸子》考證，《穀梁》眞僞考附錄，北京：景山書社，1931

2135　金德建，《尸子》作者與《爾雅》，廈門圖書館聲，1933（6～7）

2136　郭強，《尸子》眞僞考辨，綏化學院學報，2014（5）
【解題】《尸子》確爲先秦典籍，至南宋全書散佚，幸後人載錄並輯佚，才得窺其大概，非僞書也。

2137　寇志強，《尸子》成書年代考，江蘇開放大學學報，2015（1）
【解題】輯佚本《尸子》與商鞅思想矛盾之處甚多，又多涉及戰國末年學説及避諱現象，當非尸佼所作，而是另有其人，其成書年代當在秦莊襄王即位之後，秦始皇統一天下之前。

2138　胡鵬，《尸子》成書年代辨正——與寇志強先生商榷，四川職業技術學院學報，2016（4）
【解題】寇志強《〈尸子〉成書年代考》一文提出《尸子》並非尸佼所作，其創作年代在秦莊襄王即位之後、秦統一天下之前的觀點。考其文，四個主要論據「其書與商鞅思想矛盾之處甚多」、「多涉及尸佼身後之事」、涉及「避諱現象」和「戰國末年學説」等均存在問題，不僅無法支撐其論點，反而更加能夠證明《尸子》的著作權主要應歸屬於尸佼，其成書年代當在秦莊襄王即位之前。

2139　寇志強，《尸子》成書年代再考，天中學刊，2018（1）
【解題】《尸子》本爲先秦諸子著作之一，劉向《別錄》與班固《漢書‧藝文志》都著錄爲戰國中前期尸佼所作，然該書中多有尸佼身後之信息，又與商鞅學派思想不合，必非尸佼所作，而當爲戰國末年的另一尸子所作。通過《尸子》與《呂氏春秋》的比較，可看出二者可對讀之處頗多，且《尸子》又比《呂氏春秋》融合諸子百家程度更深，故應產生在《呂氏春秋》之後。通過對新發現一則《尸子》佚文的考辨，可得出《尸子》最終完成當在秦始皇二十八年（前219年）到三十四年（前213年）之間。

於陵子

2140　林慶彰，《於陵子》考辨，豐坊與姚士粦，東吳大學中文研究所碩士學
位論文，1978

2141　林誌鵬，《於陵子》成書時代平議，中國典籍與文化，2010（2）
【解題】今本《於陵子》既非先秦古籍，亦非明人所偽，乃南北朝文士
雜綴陳仲言行而成。

呂氏春秋

2142　王啓才，關於《呂氏春秋》辨偽問題的文獻爬梳，阜陽師範學院學報，
2013（3）
【解題】《呂氏春秋》在成書之前曾有系統之構思、規劃，不韋賓客人
手又眾多，遷蜀後著書的可能性不大，司馬遷《史記·呂不韋列傳》明言「號
爲《呂氏春秋》」的包括三大部分，那麼一次成書的可能性就很大。至於書中
紀、覽、論三部分，由於其定稿時被刻在竹簡上很可能是相對獨立的，所以
其順序很容易被翻亂，後人也可以根據需要和興趣置放，但不管哪部分居前，
其體例的不同，甚至有部分的錯簡與重文，較之於原書，可視爲「竄亂」，但
不能因該書體例、結構的變化，就判斷整部書爲偽。

論衡

2143　容肇祖，《論衡》中無僞篇考，大公報·史地週刊，1936（91）

劉子新論

2144　楊明照，《劉子》理惑，（燕山大學）文學年刊，1937（3）；學不已齋
雜著，上海：上海古籍出版社，1986

2145　王利器，文心雕龍校證序，文心雕龍校證，上海：上海古籍出版社，
1980

2146　林其錟、陳鳳金，《劉子》作者考辨，劉子集校·附錄二，上海：上海
古籍出版社，1985

2147　林其錟、陳鳳金，再論《劉子》作者問題，中華文史論叢，1986（4）

2148　鄭韶，劉勰與《劉子》，百科知識，1986（9）

2149　程天祜，《劉子》作者辨，吉林大學學報，1986（6）；文心雕龍學刊（第

五輯），濟南：齊魯書社，1988

2150　楊明照，再論《劉子》的作者，文史，1988（30）

2151　程天祜，《劉子》作者新證——從《昔時》篇看《劉子》的作者，吉林
　　　大學學報，1990（6）

2152　曹道衡，關於《劉子》的作者問題，中國社會學院研究生院學報，1990
　　　（2）

　　　【解題】運用「史源學」方法爬梳史料，對若干傳統看法提出質疑，否
定《劉子》爲劉勰或劉晝所作，《劉子》的作者當爲一名劉姓學者。

2153　劉躍進，《劉子》作者，中古文學文獻學，南京：江蘇古籍出版社，1997

　　　【解題】該文爲《中古文學文獻學》下編第三章第七節。

2154　李政林，《劉子》作者爲劉勰之說商榷，南昌大學學報，1999（3）

　　　【解題】關於《劉子》的作者，自唐以後無有定論，主要有劉勰和劉晝
之說。從後世的著錄情況看，很難證明《劉子》的作者爲劉勰；從此書內容
及風格來看，思想傾向於道家，與崇佛的劉勰不同；語言風格與《文心雕龍》
亦有很大差別。而從劉晝生平事蹟來考察，其爲《劉子》作者的可能性很大。

2155　朱文民，把《劉子》的著作權還給劉勰——《〈劉子〉作者考辨》補證，
　　　齊魯文化研究，2006

　　　【解題】《劉子》作者是誰，學界一直有不同說法。林其錟、陳鳳金先
生《劉子作者考辨》發表後產生了一定影響，是《劉子》劉勰説的具有代表
性的觀點。本文根據林、陳二先生文章發表後劉晝説的再質疑，並結合劉勰
公認的所有著作和劉晝生平及《劉子》一書的內容，尤其把劉勰及其著作放
到六朝玄學思潮大背景下綜合考慮，從七個方面對《劉子作者考辨》予以補
證，進一步辯駁劉晝説的論據，並試圖釐清《劉子》作者由是劉勰到懷疑劉
勰，再到否定劉勰的過程，還劉勰一個公道，主張把《劉子》的著作權還給
劉勰。

2156　陳志平，《劉子》作者和創作時間新考，古籍整理研究學刊，2007（4）

　　　【解題】將《劉子》的文字、思想和劉勰、劉晝生平進行比對，論證此
書並非此二人所作。又通過對《隋書·經籍志》記載的仔細分析，判定《劉
子》爲晉人作品。《劉子》所載「天子親耕於東郊，后妃躬桑於北郊」，乃晉

武帝太康九年（288 年）前的祭儀；且該書還提到曹操的廟號；進而判定《劉子》創作於 220 年至 288 年間，作者爲魏晉間人。

2157　周紹恒，《劉子》作者問題辨，文心雕龍研究（第八輯），2007
2158　陳應鸞，《劉子》作者補考，文學遺產，2008（3）
　　　【解題】通過考察《劉子》的文風、用典、用詞，以及書中用事、用語的錯誤，爲其作者係劉晝説提供了諸多内證。

2159　陳祥謙，《劉子》作者新證，武漢科技大學學報，2008（5）
　　　【解題】通過爬梳史料，辨析考證，認爲《劉子》作者乃梁朝之劉遵。

2160　陳志平，《劉子》研究，長春：吉林人民出版社，2008
2161　朱文民，再論《劉子》的著作者爲劉勰，魯東大學學報，2009（1）
　　　【解題】用避諱法來否定《劉子》爲劉勰所著，堅持劉晝説，反而更否定了劉晝説；以「《劉子》中有法家思想，《文心雕龍》尊儒反法」作爲否定《劉子》劉勰著的理由是不合史實的，因爲《文心雕龍》對法家給予了很高的評價；以此「《劉子》的語言特色與《洛陽伽藍記》、《水經注》同」爲據來肯定《劉子》作者是劉晝也是不妥的，因爲這些著作，即使在南朝，一般也用散文來寫。而從《劉子·貴農》篇反映的時代特徵看，與梁代社會現實相符，也與劉勰「利民」之志相合；且《劉子》講「託附」、論「因顯」、說「韜光」，這不符合劉晝的學術經歷、思想品行和性格特點。因此，兩《唐志》和鄭樵《通志》對《劉子》作者的著錄是不易撼動的。

2162　周紹恒，關於《〈劉子〉作者補考》的一點商榷，文學遺產，2010（3）
　　　【解題】對陳應鸞《〈劉子〉作者補考》一文進行商榷，認爲説《劉子》作者稱「段干木」爲「干木」、「朱泙漫」爲「朱泙」是「犯了常識性錯誤」不妥。

2163　林其錟，《劉子》作者綜考釋疑——兼論《劉子》的學術史意義，文史哲，2014（2）
　　　【解題】《劉子》爲劉勰著，南宋以前直接可見的公私著錄均無疑義；分歧始自南宋出現的《劉子》袁孝政注本及劉克莊引文。作者通過考證認爲：袁孝政注本乃宋人偽託，劉克莊引文亦無的據；無論外證還是内證，都充分證明《劉子》著作權當屬劉勰。

2164 梁德華，《劉子》成於東晉時人說獻疑，諸子學刊，2014（1）

【解題】通過討論《文心雕龍》與《劉子》在詞彙風格上的差異，證明《劉子》非成於劉勰之手；又檢討學者質疑「劉晝說」之論據，並與「《劉子》成於東晉時人」說進行商榷，認爲現階段只能推測「劉晝說」較爲可信。

2165 韓湖初，《劉子》應爲劉勰撰──《劉子》作者爭論評述，中國文論，2015（00）

【解題】關於《劉子》作者，主要有劉勰與劉晝兩說。直至南宋初年史籍記載爲劉勰撰，其後始有劉晝說，繼而愈演愈烈。今人林其錟、陳鳳金指出，劉晝說源於對宋人題署的錯誤解讀，原是仍沿舊題以存疑之意，並舉《宋志》近萬部書目加「題」字者16部無不如此。但後人斷章取義，變成對作者的確認，卻無人深究，由疑變是，幾成定局。又針對劉晝說的主要兩條證據指出，其一是袁孝政的《劉子注》序，通過對照版本體例證實該書乃是南宋人僞造！且來歷不明，所說有乖事理。其二是唐人張鷟《朝野僉載》所載《劉子》爲劉晝撰，因無位故竊劉勰之名，世人莫知。但這條材料是後人根據劉克莊文集的記載補輯的，此外別無他證。而且該書是唐人小說，不應視爲信史引錄。再者，我國隋唐文獻和流傳日本的《劉子》已有明確記載，以及從劉勰、劉晝與佛家關係，均可證劉勰說。林、陳此舉在學術界掀起軒然大波，反對者陣容鼎盛，支持者不乏其人。該文贊成劉勰說。

物異考

2166 方勇，《物異考》著作權歸屬考，河北圖苑，1993（4）

【解題】《物異考》作者爲明代崑山方鳳，而非宋浦江方鳳。

2167 方勇，《物異考》爲明崑山方鳳所著，東南文化，1995（2）；文獻，1996（1）

古今注

2168 鄭祖襄，《古今注》「橫吹曲」史料真僞談，中央音樂學院學報，1994（4）

【解題】《古今注》橫吹曲史料雖未見於漢代文獻，但《古今注》確爲可信之書。

2169　王朝客，《古今注》小考，貴州文史叢刊，2001（3）

【解題】分源流篇與關係篇，判定《古今注》淵源有自，實非僞書。

2170　王歡，《古今注》研究，陝西師範大學碩士論文，2014

【解題】依託文獻史料及出土材料，考證崔豹的生平行事，推翻《古今注》僞書一說，判斷《古今注》的成書時間大致在東晉中期。

東坡志林

2171　章培恒、徐豔，關於五卷本《東坡志林》的眞僞問題——兼談十二卷本《東坡先生志林》的可信性，南京師範大學文學院學報，2002（4）

【解題】出現於明代的五卷本《東坡志林》實係眞僞雜糅之書。其僞的部分，情況也極複雜：有的根本不出於蘇軾；有的雖出於蘇軾，但不出於《志林》；有的在同一條中眞僞交雜。至於十二卷本，不僅出於五卷本之後，且將五卷本中除「論」的一卷外的絕大多數文章收入，也是一部眞僞雜糅的書，其較五卷本多出的部分，有些當出於輯佚，但是否全都爲輯佚所得，仍是有待進一步探考的問題。

2172　李樂凝，《東坡志林》考論，文化創新比較研究，2017（5）

【解題】蘇軾《東坡志林》向來作爲一部筆記作品而爲人熟知，但現存《志林》版本已是明代結集刊印，並非蘇軾親自編定，且從蘇軾本人的一些書信資料來看，《志林》原本應非如此。經過對一些史料及前人著述的研究，可推知東坡本計劃完成兩部著作，即筆記性質的《手澤》和史學著作《志林》，但由於種種原因，《志林》未能完成且成篇較少，而在大量遺稿中，作者又沒有留下關於兩部書結集方面的明確區分，因此造成兩部著作的混雜，進而形成現有的《志林》。

春雨雜述

2173　顏廷軍，《春雨雜述》眞僞辨，文獻，2014（1）

【解題】《春雨雜述》的內容來自於嘉靖本《解學士文集》，並非僞託之文，也無需「存疑」。在解縉生前未曾有此篇名，乃明代萬曆後期被輯入《寶顏堂秘笈》時所加，其冠名依據是解縉有「春雨」齋號，又輯入解縉文集中「雜述」類的內容，合爲「春雨雜述」，並非余紹宋所言「漫題爲雜述耳」。

臥遊錄

2174　譚鍾琪，《四庫總目・臥遊錄提要》辨正，圖書與情報，2005（4）

【解題】《臥遊錄》爲南宋理學家呂祖謙晚年所編，「明人依託」說沒有根據。

2175　杜海軍，《四庫全書存目叢書》收錄《臥遊錄》問題商榷，廣西師範大學學報，2007（3）

【解題】呂祖謙《臥遊錄》流傳有內容截然不同的兩種版本，難辨眞僞。《四庫全書存目叢書》的纂輯者收一棄一，似乎有所肯定，這種做法會影響人們對呂祖謙學術取向甚至水平的認識。若眞出於保留文獻的考慮，莫善於將兩本兼收並蓄。

事物紀原

2176　張志和，《事物紀原》成書於明代考，東方論壇（青島大學學報），2001（4）

【解題】關於《事物紀原》的成書年代與作者，《四庫全書》所收本及具有權威性的工具書《中國叢書綜錄》均題爲「宋・高承撰」。生活於明正統年間的閻敬爲該書所作的序言中，談到該書的來歷並說「作者逸其姓氏不可考」；又從該書引用的材料來源看，其中有相當多的內容出自《宋會要》，且敘述語氣亦明顯是宋朝以後的人；該書的兩次刊刻出版都在明中葉，由此可以證明該書的成書時間應在明代。

2177　朱仙林、曹書傑，《事物紀原》初本成於宋代考，歷史文獻研究，2012

【解題】《事物紀原》是一部價値較高的類書，其作者舊時多以爲「宋・高承」，近年來有學者認爲是書成於明代。作者考查與《事物紀原》相關的文獻發現，其最初的編纂者當是北宋高承，經後世遞修增補而成，今本的最後完成可能在明代，故而其多有高承初本之後的文字和內容，但絕非「其作者只能是明代人」如此簡單。

琅嬛記

2178　薛洪，《瑯嬛記》的作者究竟是誰？，社會科學戰線，1997（2）

【解題】據《瑯嬛記》末尾一條隱語及其內容與《琅嬛福地記》相同，

推斷作者爲張岱。

2179　羅寧，明代僞典小說五種初探，明清小說研究，2009（1）

　　【解題】《誠齋雜記》、《琅嬛記》一向被認爲是元代的小說和筆記，常常誤導研究者使用其中的材料。其實它們以及《女紅餘志》、《古琴疏》、《緝柳編》等書都是明代人的僞造，時間大約在萬曆初。這幾部書的出現與隆慶時僞典小說《雲仙雜記》、《清異錄》的刊刻關係密切，係模仿其手法而造作成書。它們杜撰故事和代名，一方面解釋過去詩文中的典故，一方面也期望書中的典故和代名將來爲人所使用，這正是僞典小說寫作的手法和動機。

2180　沈梅，《瑯嬛記》考證，合肥學院學報，2009（6）

　　【解題】《瑯嬛記》確是一部僞書，作者、成書時間及所引書目都所言非實；它與《清異記》、《雲仙散錄》一樣都可稱之爲「僞典小說」。

學海類編

2181　呂雙偉，《四六金針》非陳維崧撰辨，中國文學研究，2006（4）

　　【解題】自康熙間《學海類編》收錄陳維崧的《四六金針》，後來清代目錄書和當代駢文研究專家都將《四六金針》視爲陳維崧所作。《四六金針》乃抄襲補綴元代陳繹曾的《文筌·四六附說》而成，不是陳維崧所作，這從該書內容、歷代目錄記載和陳維崧作品等之中都可以得到證明；且《學海類編》收錄多僞書，不可輕信。

2182　龍野，現存《學海類編》本《詩問略》非陳子龍撰考，文獻，2012（2）

　　【解題】現存《學海類編》本《詩問略》與國圖藏清抄本《詩問》爲同一書，二者內容完全一致；吳肅公是該書作者的可能性很大；而《學海類編》本《詩問略》署名陳子龍，有必要作出修正。

2183　陳瑞贊，四庫存目著錄《學易居筆錄》證僞，圖書館雜誌，2013（6）

　　【解題】《學海類編》本《學易居筆錄》一卷，題爲元俞鎮著，《四庫全書總目》子部雜家類存目予以著錄，而齊魯書社出版的《四庫全書存目叢書》更據此收入。《學易居筆錄》係割裂明人侯一元的《讀書記》而成，是明末清初書賈所造的僞書。

其他

2184　杜澤遜，明刊《福壽全書》辨僞，文獻，1996（3）

2185　程傑，元賈銘與清朱本中《飲食須知》眞僞考——《我國南瓜傳入與早期分佈考》補正，閩江學刊，2018（3）

農家類

齊民要術

2186　柳士鎭，從語言角度看《齊民要術》卷前《雜說》非賈氏所作，中國語文，1989（2）

【解題】通過分析《齊民要術》卷前《雜說》中出現的一些魏晉南北朝期間尚未產生的語言現象，從漢語史的角度，推斷其成於這一時期之後，並非賈思勰所作。

2187　闞緒良，《齊民要術》卷前《雜說》非賈氏所作新證，安徽廣播電視大學學報，2003（4）

【解題】研究《齊民要術》的學者公認該書卷前的《雜說》非賈氏所作，並有學者從語言學的角度證成這個觀點，該文則又提供了一條語言學上的證據。

2188　汪維輝，《齊民要術》卷前「雜說」非賈氏所作補證，古漢語研究，2006（2）

【解題】從詞彙史角度爲《齊民要術》卷前「雜說」非賈思勰所作提供新的證據，用內部比較法考察了「雜說」中的 11 個詞語，認爲它們不可能出自賈思勰之手，爲進一步推定此文的寫作時代提供參考。

2189　王社坤，《齊民要術》卷前《雜說》非賈氏所作例證零拾，語文知識，2008（2）

南方草木狀

2190　劉昌芝，試論《南方草木狀》的著者和著作年代，自然科學史研究，1984（1）

【解題】嵇含沒有到過嶺南，《南方草木狀》爲東晉至劉宋初徐衷作，

較爲可信。

2191　芶萃華，也談《南方草木狀》一書的作者和年代問題，自然科學史研究，1984（2）

【解題】今本《南方草木狀》是在嵇含原本的基礎上逐步增補、發展而來的。

2192　繆啓愉，《南方草木狀》的諸僞跡，中國農史，1984（3）

【解題】《草木狀》並非嵇含之書，是後人根據類書和其他文獻編造的，其時代當在南宋。

2193　梁家勉，對《南方草木狀》著者及若干有關問題的探索，自然科學史研究，1989（3）

【解題】《南方草木狀》爲嵇含所撰可信。

2194　張宗子，對《南方草木狀》作僞於南宋時期之質疑，中國科技史料，1990（4）

【解題】通過對唐代虞世南《北堂書鈔》中所載《南方草木記》内容之考證，並以唐代楊倞《荀子注》引漢代劉向《列仙傳》已有劉涓子之名、唐代蘇敬《新修本草》與《南方草木狀》所載文字相同、唐宋詩人所引典故等史例爲依據，對《南方草木狀》爲南宋時期僞作的説法進行了辯證。

2195　靳士英等，《南方草木狀》作者、版本與學術貢獻的研究，廣州中醫藥大學學報，2011（3）

【解題】《南方草木狀》爲嵇含所作，現存《南方草木狀》爲宋人輯佚之作，非後人僞作。

其他

2196　張固也，《園林草木疏》辨僞，中國典籍與文化，2009（1）

【解題】宛委山堂本《説郛》所收《園林草木疏》大部分内容抄自《酉陽雜俎》，是僞書。

2197　李凌傑，農業古籍辨僞述略，安徽農業科學，2010（2）

【解題】該文主要依據《四庫提要》，作進一步闡述。

類書類

2198 眭駿，《卓氏藻林》辨偽，古籍整理研究學刊，2005（5）

【解題】《卓氏藻林》實攘奪吳興王良樞《藻林》而成。

2199 辛更儒，有關《永嘉先生八面鋒》的幾個問題，宋史研究論文集，上海：上海人民出版社，2008

2200 郭寶軍，《文選類林》的三個問題，漢語言文學研究，2011（3）

【解題】杭世駿等對《文選類林》一書編纂者是否爲劉攽的懷疑缺乏有力的證據，《文選類林》的編纂者仍當歸於劉攽；通過對《文選類林》條目的取樣與其前的《文選》版本比對，可以肯定劉攽依據的《文選》版本爲五臣注本，最大可能是平昌孟氏本。

2201 劉冰，《四六膏馥》考述，圖書館學刊，2011（5）

【解題】對《四六膏馥》藏本、著錄、版本、內容四個方面進行考述，以明晰《四六膏馥》編刊等情形；同時對其內容眞偽進行考察，認爲是書係偽託之書。

2202 李致忠，《錦繡萬花谷》編者爲誰再探討，新世紀圖書館，2013（5）

【解題】《錦繡萬花谷》一書的編者，自南宋陳振孫《直齋書錄解題》以降，幾乎所有的書目著錄都付闕如；而明清之後，有書目將此書編者著錄爲「萬詳」或「蕭贊元」等。經作者考證，二說皆誤，編輯此書者當是宋代盧襄的子孫。

2203 崔凱，《錦繡萬花谷》編者與盧襄關係考，古籍研究，2017（1）

小說家類

燕丹子

2204 羅根澤，《燕丹子》眞偽年代之舊說與新考，古史辨（第六冊），上海：開明書店，1938

2205 霍松林，《燕丹子》成書的時代及在我國小說發展史上的地位，文學遺產，1982（4）

【解題】《燕丹子》一書，《隋書》以前何以不見著錄，現在還難於作出

圓滿的答案；但從有關材料看，它卻是早已存在的，不是「割裂諸書燕丹、荊柯事雜綴而成」的偽作。

2206　李學勤，論帛書白虹及《燕丹子》，河北學刊，1989（5）
【解題】今本《燕丹子》並非先秦古書，而是編訂於秦漢間。

2207　劉躍進，燕丹子傳，中古文學文獻學，南京：江蘇古籍出版社，1997
【解題】該文爲《中古文學文獻學》下編第一章第二節。

2208　孫晶，《燕丹子》成書時代及其文體考，古籍整理研究學刊，2001（2）
【解題】從史料記載、材料來源、成書的時代氛圍以及語言風格上考察了《燕丹子》的成書時代和文體問題，認爲《燕丹子》成書於秦末、漢初，其文體並非嚴格意義上的小説，應屬歷史故事一類。

2209　馬振方，《燕丹子》考辨，浙江大學學報，2010（1）
【解題】《燕丹子》與《史記·刺客列傳》的寫作過程不同，它不是一人一時之作，而是在漫長的民間傳説中產生和成熟的，文人的寫作只是成書的重要環節，成書之後在傳説中還會有種種新的發展和新的版本；而《燕丹子》與《史記·刺客列傳》那些難得契合的文字，應是前者承襲後者的產物。至於其成書年代，雖不能確知產生的特定年代，但下限不當晚於三國時期。

2210　何亮，《燕丹子》成書年代補議，昌吉學院學報，2010（2）
【解題】從時間詞語「須臾之間」、「三時」及時點標誌詞「時」的使用，以及被動句式的選用上考察，認爲《燕丹子》的成書時代應在西漢之後。

2211　王守亮，《燕丹子》成書時代問題述考，廣東技術師範學院學報，2012（5）
【解題】元明以來，《燕丹子》的成書時代問題一直眾說紛紜，出現了六種不同意見（戰國説，秦代説，秦漢之間説，兩漢説，宋齊説，隋代説）。該文在總結、概述和評議古今諸説的基礎上，根據西漢初年流傳的荊軻刺秦傳説材料，對《燕丹子》的成書時代予以考論，認爲《燕丹子》成書於秦漢之際，在內容上則爲《史記·刺客列傳》所本。今按：此論庶幾近之。

西京雜記

2212　勞幹，論《西京雜記》之作者及成書時代，中研院歷史語言研究所集刊（第 33 本），1962

2213　洪業，再說《西京雜記》，中研院歷史語言研究所集刊（第 34 本下冊），1963

2214　劉躍進，倪豪士論《西京雜記》作者爲蕭賁，文學遺產，1992（2）
　　　【解題】摘錄倪豪士《再論〈西京雜記〉的作者》一文中對該書作者爲蕭賁的考證。

2215　程章燦，《西京雜記》的作者，中國文化，1994（1）
　　　【解題】余嘉錫《四庫提要·西京雜記辯證》首倡《西京雜記》爲葛洪編集之說，該文進一步補充論證《西京雜記》是葛洪利用漢晉以來流傳的稗史野乘、百家短書鈔撮編集而成的，故意假劉歆《漢書》以自重。

2216　袁津琥，從語法詞彙看《西京雜記》的成書年代，綿陽師範高等專科學校學報，1995（2）
　　　【解題】關於《西京雜記》的作者及成書年代，歸納諸家之說，大致有三種意見：一是以爲《西京雜記》的作者是西漢的劉歆，此說始於晉朝的葛洪，信從者較多；二是以爲作者其實就是葛氏本人，葛洪說是劉歆，殆故作狡獪耳，此說出自唐人段成式、張彥遠，後人多疑之；三是以爲作者是蕭梁時的吳均，此說亦出自段成式，然與吳均同時之殷芸在奉敕編纂《小說》一書時，已多次徵引到《西京雜記》，假如《西京雜記》是吳均所撰，殷芸不會不知道，故後人多不取此說，但王力先生贊成之。以上三種意見雖各有所據，卻皆無確證。作者從語法詞彙的角度加以考察，認爲《西京雜記》寫成於西漢以後，但它並不是全出杜撰，而是以一種或一些西漢舊籍爲藍本進行創作的；至於成書於西晉還是蕭梁，抑或是其他的什麼朝代，尚有待於進一步的考證。

2217　丁宏武，《西京雜記》非葛洪僞託考辨，圖書館雜誌，2005（11）
　　　【解題】葛洪《西京雜記跋》所言眞實可信，《西京雜記》確係劉歆草創，經後漢三國時期的漫長流傳，至葛洪始編集成書。

2218　丁宏武，考古發現對《西京雜記》史料價值的印證，文獻，2006（2）

【解題】《西京雜記》是否爲劉歆所作尚難定論，但近年的考古發現可印證，此書確依據漢代史料編集而成。

2219　李文娟，《西京雜記》「葛洪說」補證，安徽文學，2008（3）

【解題】在余嘉錫、程章燦研究的基礎上，進一步對《西京雜記》「葛洪說」進行了補證。

2220　丁宏武，從敘事視角看《西京雜記》原始文本的作者及寫作時代，圖書館雜誌，2010（4）

【解題】《西京雜記》文本明顯的《史記》型敘事視角和選材取向，顯示其原始文本的寫作時代應該就在西漢後期，葛洪關於《雜記》文本源自劉歆的說法能夠成立。

2221　王守亮，《西京雜記》作者問題述考，臨沂大學學報，2012（2）

【解題】《西京雜記》是作於劉歆而經葛洪抄錄整理的作品。

2222　孫振田，《西京雜記》偽託劉歆作補論二則，圖書館雜誌，2012（6）

【解題】葛洪《西京雜記跋》於理不通、疑點重重，不可作爲論證《西京雜記》爲劉歆撰的依據；「辨《爾雅》」條與劉歆的小學觀相矛盾，也說明《西京雜記》當爲託名於劉歆之所撰。

神異經

2223　王國良，《神異經》研究，臺北：文史哲出版社，1985

【解題】最遲在《西晉》末年，《神異經》即已問世，並稍見流通。

2224　周次吉，《神異經》研究，臺北：文津出版社，1986

【解題】《神異經》產生於漢以後。

2225　陳建樑，《神異經》成書年代平議，古籍整理研究學刊，1995（3）

【解題】未有充分證據的情況下，不應抹殺服虔已引用《神異經》的事實，《神異經》產生於漢代可作爲定讞。

海內十洲記

2226　吳從詳，《海內十洲記》成書新探，廣西社會科學，2009（10）

【解題】今本《海內十洲記》非一時一人之作，其形成經歷了逐漸增補

的過程：東漢之前十洲部分地理博物記載已形成，東漢末奇聞軼事被補入，魏晉之後補入仙島、崑崙、十洲部分神仙敘述以及全書敘述框架。

漢武故事

2227　劉化晶，《漢武故事》的作者與成書時代考，瀋陽師範大學學報，2006（2）

【解題】《漢武故事》原本應為西漢成帝時文人所為，在西漢末年、東漢初年有文人對其進行了增補和續書；流傳過程中內容有所散佚，其傳本至少有三個：秦汝操本、陳文燭本和今本（即世傳本），三個傳本內容互異，且前兩個傳本今已不見。

2228　王守亮，《漢武故事》作者與成書時代辨析，山東師範大學學報，2008（5）

【解題】自唐代始，班固、王儉為《漢武故事》作者兩說並行，然兩說均難以成立。自宋以來，劉等據《故事》中「今上元延」之語斷定其作者為西漢成帝時人，此說亦非；蓋「今上元延」之謂乃《故事》抄引前人著作原文的遺跡。從《故事》中「漢有六七之厄」、「代漢者當塗高」的讖語和潘岳《西徵賦》化引《故事》典故等情況綜合分析，《故事》的成書時代應在東漢獻帝時期，其作者是一位看到漢家氣數已盡、對漢家江山仍有些許留戀的文人，而非親曹派的文人。

2229　李占鋒、黃大宏，《漢武故事》的作者考述，襄樊職業技術學院學報，2009（4）

【解題】對於《漢武故事》作者的研究歷年來存在分歧，其主要原因在於傳播過程中古籍散佚，更有甚者一些文人對其進行隨意的更改和刪減。該文在前人研究的基礎上進行簡要的總結，並對其版本進行分析，認為傳世《漢武故事》當為漢成帝時的方士所作。

2230　穆曉華，《漢武故事》作者考辨及漢武帝故事的文獻整理，重慶與世界，2010（11）

【解題】綜合各方材料及各家觀點的合理處，認定《漢武故事》作者當為西漢成帝時的民間文人。

2231　師婧昭，《漢武故事》的作者及文本考辨，中共鄭州市委黨校學報，2013（5）

【解題】《漢武故事》最初的故事內容由西漢成帝時民間文人寫出，但在流傳過程中其文本內容或增或刪，已非最初寫定時的原貌；今天我們看到的版本，是大眾智慧的結晶，而非一時一人之作。

漢武帝內傳

2232　丁宏武，《漢武帝內傳》非葛洪之作補證——兼論逯欽立輯錄五首葛洪佚詩的真偽，文史哲，2011（4）

【解題】《抱朴子·內篇》和《神仙傳》對西王母會漢武帝的傳說隻字不提，《抱朴子·內篇》無一語涉及佛理，對所謂仙藥的認識和等次劃分與《內傳》也明顯不同等文本方面的證據，可以推斷《內傳》不是葛洪所作，逯欽立輯錄的五首佚詩也不是葛洪之作。此外，《內傳》的詩文用韻反映了魏晉時期的吳語特徵，因此陳國符關於「《內傳》韻文於漢代出世」的結論也值得商榷。

漢雜事秘辛

2233　朱國偉，「《漢雜事秘辛》明楊慎作偽說」考辨，明清小說研究，2012（3）

【解題】從文字語彙、「造語」、小說結構、禮制、美女的審美類型等方面進行考辨，認為《漢雜事秘辛》非楊慎作偽，而是產生於中晚唐的小說，應是依託《漢雜事》而作。今按：此說恐難成立。

飛燕外傳

2234　王建堂、宋海鷹，《飛燕外傳》的問世與流播，晉東南師範專科學校學報，2002（4）

【解題】《飛燕外傳》曾被明胡應麟論定為「傳奇之首也」，但其何時問世，至今仍無定論。《飛燕外傳》最晚也在中唐問世，爾後在一個特定的文化圈裏流播，然其「傳奇之首」的地位是不可動搖的，且堪稱中國古代「豔情小說」的開山作之一。

世說新語

2235　周一良，《世說新語》和作者劉義慶身世的考察，中國哲學史研究，1981

（1）

【解題】劉義慶處在宋文帝劉義隆對於宗室諸王懷疑猜忌的統治之下，爲了全身遠禍，於是招聚文學之士，寄情文史，編輯了《世說新語》這樣一部清談之書。

2236　鄭學弢，《世說新語》的思想傾向與成書年代，徐州師院學報，1984（4）

【解題】當劉義慶受到文帝信任，居上游重鎮，頗有用世之志的時候，編集了《徐州先賢傳》、《世說》等書；當他受到文帝猜忌疏遠，企圖全身遠禍的時候，就供養沙門，編寫了《宣驗記》、《幽明錄》等書。《世說》以陳仲舉「登車攬轡，有澄清天下之志」冠全書，也許也體現了他招集文士編撰《世說》時的心情。《世說》不是專寫清談名士的書，對名士也並非一概採取讚賞的態度；它體現了儒道雜糅的思想，在政治上把維護綱常名教放在第一位，而哲學思想則取道家崇尚自然之說，衝破了東漢讖緯之說的迷霧和東晉以迄劉宋彌漫於士族社會的宗教氣氛。

2237　王能憲，《世說新語》研究，南京：江蘇古籍出版社，1992

2238　曹之，《世說新語》編撰考，河南圖書館季刊，1998（1）

【解題】從劉義慶的經歷和交遊、《世說新語》的内容、社會風氣等方面分析其成書過程，認爲《世說新語》成於眾手而由主編負責。

2239　陳瑜，《世說新語》的成書與敍事，洛陽師範學院學報，2005（3）

【解題】《世說新語》的成書情況十分複雜，它不同於一般著述的地方在於：成於眾手而由主編決定規範，源於群書而文字多相異。這種特殊的成書情況給文本敍事帶來的一定程度的影響，主要體現在《世說新語》的集體性敍事與互文性敍事兩個特點上。

2240　翟秀麗，《世說新語》編撰研究——以《世說新語》對《語林》、《郭子》的探錄爲中心考察，河南大學碩士學位論文，2010

2241　魏世民，《世說新語》及《注》成書年代考，常州師專學報，2002（3）

【解題】《世說新語》成書於宋元嘉九年至元嘉二十一年間（432～444），而劉孝標的《注》則成於梁天監元年至普通二年間（502～521）。

2242　鄒朝斌，《世說新語》作者考辨，湖北文理學院學報，2015（6）

【解題】從文獻層面考察，《世說》的作者爲劉義慶，自其產生之初開

始並無異議，《南史・劉義慶傳》及歷代史志目錄、官私目錄等也有明確記載；從情理層面看，劉義慶具有充足的文學才能與時間精力撰寫此書；從文本層面看，《世説》內容風格較爲統一，無疑爲劉義慶獨自編撰而成。

搜神後記

2243　王國良，搜神後記作者考辨，搜神後記研究，臺北：文史哲出版社，1980

2244　白廣明，《搜神後記》的作者是陶潛嗎，晉陽學刊，1996（2）
【解題】《搜神後記》並非陶潛所作。

2245　蔡彥峰，《搜神後記》作者考，九江師專學報，2002（3）
【解題】《搜神後記》舊題十卷本，陶潛作；明代此書重新出現時，卻存在一卷本和十卷本兩個版本系列，一卷本不見於目錄書，其原因是一卷本其實相當於十卷本的第一卷。該文從書中出現的年號，唐人類書的引用，以及書中所反映出來的作者的思想，考定一卷本確爲陶淵明所作，而十卷本則是後人撰輯的。

2246　李劍鋒，談陶淵明創作《搜神後記》的三種可能性，九江師專學報，2004（4）
【解題】陶淵明創作《搜神後記》有三種可能性：（1）《搜神後記》（《搜神錄》）署名陶潛撰產生的年代幾乎與蕭統編撰的《陶淵明集》同時；（2）陶淵明有讀到《搜神記》的機緣；（3）陶淵明心好異書奇文是爲了「自娱」和「導達意氣」。今按：結論難以成立。

2247　宮震，簡談《搜神後記》的作者及其理想社會的成因，科技視界，2012（5）
【解題】《搜神後記》極有可能爲陶潛所撰，採用以「鬼神事」來寫「人間事」的方法，來表達他對社會不公的批判及對美好生活的嚮往。今按：結論難以成立。

2248　陶明月，《搜神後記》研究，蘭州大學碩士論文，2012
【解題】《搜神後記》的作者是陶淵明，只是後來散佚，後人在整理過程中誤輯了許多不屬於原書的條目，所以書中才會有他死後的事；並從陶文

中獨有的一些特點分析此書係陶淵明所撰。今按：基本觀點難以成立。

2249　韓延汝，《搜神後記》研究，東北師範大學碩士論文，2013

　　【解題】通過對《搜神後記》形成的社會歷史背景及作者的考證，認爲其作者應是魏晉南北朝時期包括陶淵明在内的一批文人雅士，但原本已散佚，今本乃由明代文人輯佚而成。

大唐新語

2250　吳冠文，關於今本「《大唐新語》」的眞僞問題，復旦學報，2004（1）

　　【解題】署唐人劉肅撰的書籍，今傳世者有《唐世説新語》和《大唐新語》兩種，但二者内容相同，顯是同書異名，一般均認爲《唐世説新語》爲《大唐新語》的異名。現所存顯然是《唐世説新語》，而《唐世説新語》實是明人僞造的一部書，並非劉肅原撰的《大唐新語》。

2251　潘婷婷，今本《大唐新語》非僞書辨——與吳冠文女士商榷，南京大學學報，2005（2）

　　【解題】宋代類書《太平廣記》、《太平御覽》等所徵引的《大唐新語》在今本中幾乎都保存下來了，並沒有有意刪削的痕跡；今本《大唐新語》與《何氏語林》中所引《大唐新語》不一致，是因爲何良俊在引書過程中的刪改和失誤所形成的；今本《大唐新語》中有與劉肅之後所出書《唐書新語》相同的文字内容，應當是《唐書新語》採用了《大唐新語》，或二者同出一源。因此，沒有任何證據表明今本《大唐新語》是僞書。

2252　吳冠文，再談今本《大唐新語》的眞僞問題——對《今本〈大唐新語〉非僞書辨》一文的異議，復旦學報，2005（4）

　　【解題】今本《大唐新語》是以明代中、後期出現的《唐世説新語》爲底本並更改其書名而成，今本《大唐新語》與唐代以來至明代前期所流傳的《大唐新語》（即《大唐新語》舊本）並非一書。

2253　楊光皎，今本《大唐新語》「僞書説」之再檢討，南京大學學報，2006（3）

　　【解題】在關於《大唐新語》眞僞問題的討論中，吳冠文女士前後兩篇文章所提出的「僞書説」是非理性的。通過具體考辨可以發現，《大唐新語》

與《唐書新語》有直接的淵源關係：《唐書新語》採用了《大唐新語》，或者二者實際上就是同一種書。從宋代及明代前期文獻稱引《大唐新語》的情況不難看出：《大唐新語》的今本與古本在條目和文字上都有著相當的一致性，今本《大唐新語》中找不到一條可指認爲別書的文字。《唐世説新語》只是《大唐新語》流傳中的一個異名，所謂今本《大唐新語》爲明人僞造之説，完全不能成立。

2254　吳冠文，三談今本《大唐新語》的眞僞問題，復旦學報，2007（1）

【解題】在作者前二文的基礎上進一步論證《大唐新語》爲僞書。

2255　陶敏、李德輝，也談今本《大唐新語》的眞僞問題，山西大學學報，2007（1）

【解題】全面考察了《何氏語林》所引《大唐新語》、《澹生堂藏書目》關於《大唐新語》的著錄、今本《大唐新語》中所謂「僞文」以及「佚文」，指出吳冠文《關於今本〈大唐新語〉的眞僞問題》一文判定今本《大唐新語》爲明人僞造的理由不能成立，且違背了「孤證不爲定説」、「不隱匿反證」等學術規範，不是實事求是的態度。

大業拾遺記

2256　章培恒，《大業拾遺記》、《梅妃傳》等五篇傳奇的寫作時代，深圳大學學報，2008（1）

【解題】進一步闡述魯迅「《大業拾遺記》等係宋代作品」的觀點。

2257　李劍國，《大業拾遺記》等五篇傳奇寫作時代的再討論，文學遺產，2009（1）

【解題】主要針對章培恒的質疑，進一步論證《大業拾遺記》等傳奇爲晚唐作品。

海山記

2258　郭紹林，舊題唐代無名氏小説《海山記》著作朝代及相關問題辨正，洛陽師專學報，1998（1）

【解題】《海山記》未見兩《唐書》著錄；不避唐諱；歌頌宦官不合唐代世情；《望江南》詞是北宋才有的雙調；故絕不是明代《説郛》及後來《唐人小説》所認爲的唐人作品，而是北宋作品，首見於北宋《青瑣高議》，且未

題何代何人撰。其情節、人物、制度、政治面貌多與隋史違離，並非照顧小說創作所致，可判定作者文化層次不高；所謂隋代易州牡丹 20 種品名，完全是北宋人在作偽亂真。

談藪

2259 黃大宏，隋《談藪》及其作者陽玠考，文學遺產，2011（1）

【解題】考定陽玠的《談藪》完成於隋初，是一部以南北朝易代、分治及交往的歷史為背景，廣泛記錄上層統治階級軼事的「世說體」瑣言類志人小說。

龍城錄

2260 稗秋，《龍城錄》不是柳宗元所作，社會科學戰線，1997（4）

【解題】《龍城錄》的成書不會早於天漢二年，這便遠在柳宗元身後了；蘇軾等人在詩中引用《龍城錄》的梅仙事，也在王銍前；所以既非柳宗元所作，亦非兩宋之際王銍的託名之作。

2261 陶敏，柳宗元《龍城錄》真偽新考，文學遺產，2005（4）

【解題】《龍城錄》並非柳宗元所作，但作偽者也不是王銍或劉燾；此書的編造大約是在北宋前期，即宋太祖至仁宗前期這大約六七十年中。

2262 薛洪勣，《龍城錄》考辨，社會科學戰線，2005（5）

【解題】《龍城錄》舊題柳宗元撰，或曰宋人王銍託名柳宗元偽作。二說都未必正確，並以新的證據論證是五代後期至北宋前期佚名氏作品。

2263 羅寧，《龍城錄》是偽典小說，文學與文化，2011（1）

【解題】《龍城錄》內容錯謬且非唐代小說的六點證據；還論述了它的偽典小說性質，其目的部分是為解決韓愈、秦觀、蘇軾等人的詩文典故問題而作；也為王銍偽造說提供證明。今按：「偽典小說」一詞難以成立。

2264 尹占華，《龍城錄》再考辨，鹽城師範學院學報，2011（6）

【解題】從五個方面證明《龍城錄》確為柳宗元所作：一、書中的人事可證為柳作；二、韓愈《答道士寄樹雞》詩仍然可證其是柳作；三、蘇軾等人的詩及《續前定錄》可證其非劉燾或王銍偽作；四、與史實出入不足以證其非柳作；五、文筆不類等也不足以證其非柳作。

劍俠傳

2265　羅立群，《劍俠傳》的版本、作者及其意義，華南師範大學學報，2014（5）

　　【解題】余嘉錫《四庫提要辯證》考定《劍俠傳》爲明人王世貞編撰。四卷本《劍俠傳》的編輯者是王世貞的説法，還不能成爲定論。其一，目前還沒有任何文獻可以證明張庵居士是王世貞的別號，也沒有文獻記錄王世貞與履謙子有過交往。其二，隆慶三年王世貞還健在，聲望極顯，若四卷本《劍俠傳》出自其手筆，履謙子在跋中應該談及，更應以此爲號召促其行銷，爲何隻字不提？其三，王世貞《豔異編》大約編定於明嘉靖四十五年，履謙子在隆慶三年本《刻〈劍俠傳〉跋》中講明是翻刻，説明此書有舊版。如果四卷本確爲王世貞編輯，那麼當與《豔異編》的編輯差不多同時。《豔異編》設有「義俠部」，十三篇中有七篇與《劍俠傳》重複，而其中四篇篇名不同；更重要的是《豔異編》將「紅線傳」、「轟隱娘」等劍俠小説與「樂昌公主」、「柳氏傳」等非劍俠題材合在一起，而四卷本《劍俠傳》選編者有明確的「劍俠」概念，統一的選編標準；同一位選編者，差不多同時編輯的作品，爲何會出現如此不同？

2266　楊倫，《劍俠傳》篇目來源考，貴州師範大學學報，2014（5）

　　【解題】王世貞編撰的文言小説集《劍俠傳》主要取材對象是《太平廣記》、《夷堅志》等作品集，但在成書過程中較多地借助了《豔異編》、《新編分類夷堅志》等其他選本的編輯和校訂工作；由於編輯態度的粗疏，留下了大量的文句錯訛。

周秦行紀

2267　王夢鷗，《周秦行紀》與《周秦行紀論》的作者問題，中外文學，1972（2）

2268　王偉，《周秦行紀》作者及其相關問題考論，西北大學學報，2011（6）

　　【解題】《周秦行紀》的作者當係唐代京兆韋氏京兆房族員韋瓘，他自幼與李德裕親善，於牛李黨爭中屬李黨骨幹，《周秦行紀》是其對牛黨黨魁牛僧孺的構陷之作。從內容和接受情況看，《周秦行紀》成文於牛李兩黨競爭最爲激烈的文宗開成年間。現存版本有三，以《顧氏文房小説》本爲善。

劉賓客嘉話錄

2269　唐蘭，《劉賓客嘉話錄》的校輯與辨偽，文史，1965（4）

【解題】今本《嘉話錄》已非原書，其間多爲後人以他書攙入。

2270　羅聯添，《劉賓客嘉話錄》校補及考證，幼獅學誌，1963（1～2）

2271　王偉，韋絢及《劉賓客嘉話》考論，西北大學學報，2009（2）

【解題】運用文獻分析方法，對唐代文學家韋絢生平進行重新考辨，並在此基礎上對其著作《劉賓客嘉話》進行深入研究。認爲韋絢生於唐德宗貞元十四年（798 年），卒於唐懿宗咸通七年（866 年）；所著《劉賓客嘉話》後世以多個版本流傳並致錯亂，今以唐蘭校本最爲精善；《劉賓客嘉話》對於保存唐代文史資料、研究劉禹錫文學思想及語錄體在唐代的發展均有重要價值。

雲仙雜記

2272　曹之，《雲仙雜記》眞偽考，古籍整理研究學刊，1992（4）

【解題】從原書序跋、徵引書目、內容文字等方面看，《雲仙雜記》確實是一部偽書，該書關於玄類「印普賢像」的記載是不足爲訓的。今按：此說難以成立。

2273　程毅中，《雲仙雜記》的版本問題，古籍整理研究學刊，1993（3）

【解題】曹之的《〈雲仙雜記〉眞偽考》考證結論是正確的，但引用資料不夠確切，不免影響了論證的科學性。《雲仙雜記》的前身是《雲仙散錄》，《雲仙散錄》原書不分卷，《雲仙雜記》則分十卷，前八卷基本上照抄《雲仙散錄》，也略有更改，後兩卷則又補抄了許多出自宋以後諸書的片斷文字，所以十卷本的《雲仙雜記》才是「一個偽而又偽的本子」。

2274　陸音，宋刻本《雲仙散錄》考略，東南文化，2003（5）

【解題】考察了《雲仙散錄》的宋刻本情況，並對其他版本進行了簡要評述。

2275　曹之、郭偉玲，《雲仙散錄》作偽小考，圖書情報知識，2011（6）

【解題】《雲仙散錄》是由宋人偽造的，其作偽時間當在北宋哲宗元祐元年（1086 年）至南宋高宗紹興十八年（1148 年）之間。

〔今按〕《雲仙散錄》並非由宋人偽造，而是有所附益，詳見拙著《雲

仙散錄詳注》。

續世說

2276　張固也，《續世說》的作者李垕是宋人，文獻，1998（1）

　　【解題】《續世說》作者李垕確非唐人，然《提要》目爲「明代僞書」亦疑之過甚，應爲宋人李燾次子李垕（字仲信）所撰。

蕉窗九錄

2277　　翁同文，項元汴名下《蕉窗九錄》辨僞探源，故宮季刊，1983（4）

其他

2278　樊樹志，《致身錄》與《從亡隨筆》是僞書麼，東方早報，2013，1，20

　　【解題】錢謙益以「僅見於野史」、「無《實錄》可考」，斷定《從亡隨筆》爲「僞書」，過於武斷；若能夠證實建文帝於建文四年自焚而死，則《致身錄》與《從亡隨筆》毫無疑問是僞書，但迄今爲止未能證實，且錢謙益《建文年譜序》也不認爲建文帝自焚而死，故而無法證明二書爲僞書。

2279　溫慶新，《棗窗閒筆》辨僞論，貴州大學學報，2010（2）

　　【解題】《棗窗閒筆》提到的與曹雪芹有關的信息是自相矛盾的；《棗窗閒筆》的作者與「脂評本」中的「脂硯齋」在說話口氣、表達習慣等如此相似；他們都推崇八十回本《紅樓夢》，提出「程高續書說」，但從《棗窗閒筆》的諸多自相矛盾的話及目的意圖看，此書是爲迎合「新紅學派」觀點而造，不具備文獻價值。

2280　張京華，《說郛》本陸龜蒙《零陵總記》辨僞，中國典籍與文化，2010（4）

　　【解題】北宋陶岳所撰《零陵總記》爲最早記載舊零陵境內名勝風物的專書，宋明學者解唐人詩句多援引爲據。其書已佚，僅存輯本。明代另出現又一種《零陵總記》，題唐陸龜蒙撰，在陶宗儀編《說郛》中，共十八條，內容與陶著輯本不同。作者通過考證，認爲其十七條均雜錄唐宋人五種筆記而成，惟有首條出處不同，別有部分文獻依據。

2281　吳航，明清間偽書《致身錄》考論，淡江人文社會學刊，2010（43）

2282　邵穎濤，《〈冥報記〉補遺》辨偽五則，長江學術，2011（3）

【解題】中華書局 1992 年版方詩銘輯校《冥報記》，有對唐臨《冥報記》所作的「隋寶實寺」、「唐柳儉」、「唐趙文信」、「唐劉弼」、「唐趙文若」五條補遺。經作者考察，此五條實爲唐初蕭瑀所作，見於《金剛般若經靈驗記》。

2283　羅寧，《開元天寶遺事》是偽典小說，文學研究，2015（2）

【解題】舊題五代王仁裕的《開元天寶遺事》是一部較重要的古代小說，在唐代文史研究中常被使用，但實際上這是一本偽書，其成書時間約在北宋嘉祐至元豐期間。從文字風格、書籍體式等方面來看，《開元天寶遺事》是與《雲仙散錄》、《清異錄》同類的偽典小說，其内容大部分是不可信的。今按：「偽典小說」乃羅氏杜撰的私詞，根本上不通至極。